彼得·帕利讲历史系列

彼得·帕利讲美国历史

（美）彼得·帕利　/著

陈经　/译

ZHEJIANG UNIVERSITY PRESS
浙江大学出版社

图书在版编目（CIP）数据

彼得·帕利讲美国历史 ／（美）彼得·帕利著；陈
经译. — 杭州：浙江大学出版社，2018.7
（彼得·帕利讲历史系列）
书名原文：Tales about the United States of
America
ISBN 978-7-308-18118-1

Ⅰ. ①彼… Ⅱ. ①彼… ②陈… Ⅲ. ①美国－历史－
通俗读物 Ⅳ. ①K712.09

中国版本图书馆CIP数据核字（2018）第065351号

彼得·帕利讲美国历史

（美）彼得·帕利　著　陈经　译

选题策划	平　静
特邀策划	稻草人童书馆·南来寒
责任编辑	平　静
文字编辑	赵　伟
特邀编辑	鲁彦宏
责任校对	杨利军　闻晓虹
封面设计	杭州享尔文化创意有限公司
出版发行	浙江大学出版社
	（杭州市天目山路148号　邮政编码310007）
	（网址：http://www.zjupress.com）
排　版	杭州兴邦电子印务有限公司
印　刷	浙江省邮电印刷股份有限公司
开　本	710mm×960mm　1/16
印　张	14
字　数	130千
版 印 次	2018年7月第1版　2018年7月第1次印刷
书　号	ISBN 978-7-308-18118-1
定　价	40.00元

前　言

美国是北美洲一个非常重要的国家，想要对它有一个详细全面的了解并不是一件容易的事情。因此，虽然现在市面上已经有许多介绍美国的书籍，但我还是决定写下这本书。这本书是我根据自己的知识背景撰写的，从本质上说，与市面上其他作品的内容大相径庭。首先，和普通的介绍书籍不一样，这部作品呈现了美国所有重要的特征，而不仅仅是部分特征。读者在书中可以看到关于"山脉""河流"以及其他几个话题的阐述。

其次，如果我们不清楚一个国家和其他国家有哪些相似之处和不同之处，则很难真正去了解这个国家。因此，在这本书中，当我讲到美国的湖泊、河流和城市的时候，我不仅仅会对它们进行描述，也会将它们与其他国家的湖泊、河流和城市进行对比，并提出其中的相似点和不同点。这本书最重要的一个特点是"比较"，而且始终贯穿全书。

显然，在一本书的篇幅中，很难对每一个细节进行阐述，不过为了让这本书更有吸引力，我采用了一些具有解说意义的示意图和奇闻轶事，并采取了比较自由的阐述风格。有时候，我可以把其中一些话题讲得更有深度，但考虑到年轻读者们，我并没有这么做。如果有些读者因此觉得这部书的意义不够深刻，那么我希望大家可以谅解，因为这并不是一本教科书，而是我为年轻读者们精心创作的一本书。如果你们对世界上的国家，尤其是对美国有越来越浓厚的兴趣，这本书就是最好的选择。

彼得·帕利

目录

CONTENTS

1 边 界

根据部分地理学家和统计学家的说法,处于北美洲的美国北部接壤英属美洲和俄属美洲[1],东部是新不伦瑞克省[2]和大西洋,南部是墨西哥湾和墨西哥合众国,西部是太平洋。

2 美国的领土

美国是由多个州组成的,所有州的数量可能增加或减少,就目前而言,是26个[3]。每个州都与另一个州或多个州相邻,因此,美国的面积是由多个州的面积组成的。

由多个州组成了美国连续不断的国土面积,北部和东部的界线是缅因州,南部和西部的界线是路易斯安那州、密苏里州和阿肯色州。在东南地区,国土的边界是东、西佛罗里达州的北部边界。至于东西部剩下的地区,东部濒临大西洋,西部以密西西比河为界线。

虽然关于美国东部、中部、南部和西部都没有确切的或法定的分界方法，但是，通过口口相传，已经形成自然的分界方法。

在各种限制下，我们坚持认为美国确实拥有很大一部分没有人居住的领土，这些领土很有可能在以后会成为美国各州的一部分，美国也因此拥有更多的州。

虽然美国领土总面积并没有增加，但是州的数量却迅速增加。缅因州从马萨诸塞州分裂出来，佛蒙特州所在的地区以前为马萨诸塞州和纽约州所占有，肯塔基州是弗吉尼亚州的一部分，田纳西州和亚拉巴马州则属于古老的佐治亚州。至于其他新建立的州，都是在后来获取的土地的基础上建立的，而且所有这些新建不过几年的州，从严格意义上讲，并不算州，只是属地而已。

在美国，严格根据法律意义的说法，一个属地事实上就是一个殖民地，属地有界线，有自己的政府，但政府并不自由。属地不是联邦成员，而是附属关系，在国会没有自己的成员，也没有自己的议院，此外，属地的政府由美国总统任命。事实上，一个属地之所以被剥夺了大量的权利，是因为人口稀少，一旦人口增加，它也就能享受更多的权利，实际情况由人口普查结果决定。一个属地就是一个初期的州，最终命运如何，完全取决于人口数量的增加与否。美国宪法规定，法律不偏不倚，一个属地是否能成为一个州，成为联邦的一员，完全取决于该属地的人口，一旦成为联邦的一员，它就可以在国会中占有一席之地，建立自己的议院和政府。因此，几个属地或殖民地组成的一片土地或地区就是州的雏形。以这种方式，美国的荒地正在逐步变成殖民地或属地，慢慢地，这些属地就会被认可，成为新的州。从此以后，美国的所有荒地，或是无人居住的属地就可能会变成新一批州的土地。如果一直照这样下去，那么美国联邦就有可能拥有60个州，甚至100个州了。

3 美国各州、属地和地区

在我看来，年轻的读者们并不需要我告知，就已经知道所有的欧洲殖民地，我们通常称之为北美，从一开始就位于北美大陆的东部，分布在大西洋海岸线附近，并慢慢往内陆，即大陆西部扩张。不过，大陆西部仍有大片的荒地，由擅长狩猎的印第安人和野蛮的生物所占有，那里只有天然的界线，如河流、湖泊和山地等，一直到最西边的太平洋，以及北部的北冰洋。

年轻的读者们应该也知道，除了西南部的墨西哥（它在北美盛行的观点中经常被忽略，人们认为它应该属于南美洲），以及俄罗斯声称为其所有的西北部分地区以外，

[1] 此处英国指大不列颠及爱尔兰联合王国，于1801年成立。由大不列颠王国（包括苏格兰王国和英格兰王国）与爱尔兰王国组成。联合王国随着1922年英爱条约的签订与爱尔兰自由邦的成立而结束。但直到1927年，英国才正式将其国名改为"大不列颠及北爱尔兰联合王国"。

整个北美洲目前基本被瓜分为两个国家所有，分别是北美洲的美国以及英国[1]。只有印第安人的土地和水域暂时不被这两大政权所夺，这些地方就是印第安领地。

因此，北美洲西部的广阔、荒芜的土地既不属于美国所有，也不属于英国所有。

美国声称所拥有的领土和它实际所拥有的领土是有很大区别的，至于美国实际拥有的领土，即合法的、得到认可的领土，和声称拥有的领土，相比于英国，则有更大的区别。

我接下来要讨论的就只剩下美国声称所拥有的领土及其实际所占有的领土之间的区别了。因为，加拿大的两个省份以及英属北美的另外四个省份是同一时期英属北美最小的、也是最宝贵的属地。因此，美国实际拥有的地区以及它们的附属区域，即属地，也是同一时期美国最小、也是最宝贵的属地，为北美大陆美国主权所拥有。

在这片广阔的领土上，在1830年，当领土面积只有不到现在一半的时候，人口数量是12858670人，其中2900050人是黑人奴隶，313000人是印第安人。

那一年，只有缅因州、新罕布什尔州、马萨诸塞州和俄亥俄州这几个州是完全不存在奴隶人口的。俄亥俄州从1810年起就没有过奴隶，而马萨诸塞州从1790年起也再没有过奴隶。

在313000名坚持留在美国领土上的印第安人中，

98000（近100000）人生活在美国东部，剩下的215000人生活在西部地区。不过，自从1830年以来，许多印第安酋长被诱使退休回到西部地区。

美国东部地区，人口平均密度为6人每平方英里[1]，而在英国，人口密度约为230人每平方英里。

《美国百科全书》提到："1796年，当沃尔尼看到美国的时候，他将美国描述成一片广阔的森林，空地周围遍布沼泽，城市周围全是大片的耕地。"

在自然状态下，中美洲确实覆盖着一片茂密的森林，从圣劳伦斯盆地，一直延伸到北纬55°，涵盖了整个密西西比河东面的山谷，延伸到密西西比河（西面）以外50～100英里远的地方。

这片广阔的森林是地球上最大的森林之一，有95%的森林未遭破坏，不过人类活动已经开始影响森林的质量和数量了。

"这片森林的西部是另一片更为广阔的土地，不过无论是土壤、地表还是产物，那片土地都和森林大不相同。"那片土地占据了美国国土面积的一半，位于东部的大西洋和西部的落基山脉之间，既不是森林，也不是肥沃的田地，而是大片的不毛之地，有时候我们称之为平原，有时候也称之为大草原，这片大草原横穿密西西比河流域，主要在河流西边，也有部分位于河流东边。

美国东北部位于新不伦瑞克省和缅因州之间的界线

仍然存在争议，英国声称，根据1783年条约，该界线位于北纬46°30′，而美国则认为该界线位于北纬48°。读者们也可以看到，这不到两度的差别，对英国来说是至关重要的，因为它关系到美国和英属北美之间备受争议的土地。

"北部和西部的部分界线也是备受争议的，根据1818年的条例，落基山脉西部的地区应该属于英国，这个情况一直持续了十年，但在1872年，条例被重新修改，该地区又重新开放为双方共同所有。"

美国声称拥有落基山脉以西的所有土地，以及北纬42°以北的地区，对此，英国一概不予承认。根据1821年美国和墨西哥合众国签订的条约，美国放弃落基山脉西部地区，也就是从太平洋东海岸到西经100°左右，北部到北纬42°的地区。

俄勒冈州的名字来源于古代印第安人一条主要的河流俄勒冈河，这条河流从落基山脉的西部一直延伸到太平洋，从西班牙属地的界线一直向北延展。据称，这条河流长达800英里，从西班牙属地的界线北纬42°向北到北纬54°10′；河流的宽度为400～650英里，横跨10～15个经度。

欧洲人承认，美国西部地区的边界，最南到西班牙属地界线北纬42°的地方，也就是落基山脉。欧洲人也承认，这片区域一直延伸到太平洋海岸线的地区都不为他们所有。至于经度，西部边界大约到西经100°，即《墨西哥条约》中提到的雷德河和色宾河。

英国在北美洲的殖民地与西部地区相邻,与法国殖民地路易斯安那州以密西西比河隔开。法国殖民地路易斯安那州东部以密西西比河为界,西部以落基山脉为界。之后,法国将这片殖民地割让给美国。

但是,美国攫取路易斯安那州,占据落基山脉西部乡村以及太平洋沿岸地区的行为并不被人赞同。很久之前,那些海岸就已经被库克和温哥华探险时发现,并根据他们的名字命名了当地很多海港、岛屿,重要的河流俄勒冈河也包含在内。在地图上沿着海岸线从北往南,我们可以看到新佐治亚、新阿尔比恩以及温哥华的岛屿夸德拉。

根据1824年签订的条约,俄罗斯和美国达成共识,以北纬54°10′为界,俄罗斯不往南扩张殖民地,美国不往北扩张殖民地,但是这并没有得到英国的支持。考虑到俄罗斯所占据地区气候寒冷、土地荒芜,以及英国的要求和干预,马尔特·布兰先生认为俄罗斯宣布放弃所有主张才是最明智的选择。不过,在此之前,美国所占据的俄勒冈州位于北纬51°以南地区,南北总长不超过560英里。

1791年,格雷船长指挥一艘来自波士顿的,用于捕猎鲸鱼、海豹的船到达远近闻名的俄勒冈河河口。这艘船名为哥伦比亚,因此,他将这个地方也命名为哥伦比亚。

十几二十年之后,华盛顿政府派遣一队探险人员穿过落基山脉进入该乡村地区,并声称这是美国的发现。《美国百科全书》(路易斯安那州一文)中提到:"俄勒冈州位于落基山脉西部，属于美国领土的一部分，是美国发现的，而非在交易中获得的。"书中还提到："这仍然是一个鲜为人知的地方，这里没有白种人，只有猎人和贸易船只才会来到这里。"

与此同时，英国承认在美国落基山脉以西地区不占有任何领土权。1808年，美国与英国达成协定，美国在西北地区的领土界线为北纬59°，从伍兹湖到落基山脉。

1811年，一位来自纽约的德裔富商约翰·约伯·阿斯托在哥伦比亚，也就是俄勒冈河河口建立了一个居住地，并根据他的名字把这个地方命名为阿斯托利亚。但是在1813年，这个地方被英国船队摧毁，当时的美国正处于和英国交战状态。到1818年和1819年，美国和英国进入相互制约的状态。这段阿斯托利亚的建立和摧毁的历史是美国作家华盛顿·欧文作品中有趣的题材之一，美国和欧洲人民也为欧文的天赋和文笔所折服。

4 美国各州

且不管俄勒冈州属地的归属权何去何从，这里我要说一下，俄勒冈州是一个环境宜人的地方。跟落基山脉东边同纬度的地区相比,俄勒冈州气候更温和,这一点我们也可以从当地的蔬菜种类以及动物种类和体形看出来。在北美洲的东北海岸,第一批殖民者称当地的松树高达200英尺[1],至今,我们可以看到那些相对较小的松树高度还是可以达到120英尺。不过,从落基山脉西边一直延伸到太平洋海岸,这片土地盛产重型木材,最高的树木高达300英尺,周长45英尺。单单树干就高达200英尺,我也可以想象其笔直参天的样子!而这里众多的鸟类当中,有一种苍鹭,身形不过小鸭子那么大,却有4英尺高。

[1]1英尺约等于0.3米。

该地区主要的河流是俄勒冈河,后来也被称为哥伦比亚河,河流从山地流向海洋,全长15英里。从山地一直往西到海洋的这片地区坡度比较大,而从山地往东是密西西比河,因此,山地以西的河流相对于东部而言更为湍急,常常被乱石阻挡,不适合航行。

威斯康星州所在的这片地区之前也被称为西部和西北部属地,这也许是因为美国想要向西部和西北部继续扩张领土吧。威斯康星州位于伊利诺伊州的北部,北部是苏必利尔湖,东部是密歇根州,西部是密西西比河,纬度位置大概在北纬42°~49°。威斯康星州气候非常寒冷,人烟稀少,只有少数的印第安人和白人职业猎手在那里居住。当地的北部地区土地较为肥沃,而南部地区和伊利诺伊州共同拥有大量的铅矿和其他矿物资源。在威斯康星州生活的动物有野鹿、野牛、狼、熊、海狸、水獭、麝鼠等。该州主要的河流威斯康星河流入密西西比河，不过，该地区有许多短小的河流，从北部的山脉流向苏必利尔湖。南部地区是密西西比河的源头，海拔大约1350英尺，威斯康星州的少数居住者受密歇根州的法律约束和政府直接管理。

佛罗里达州的属地包含西班牙之前占据的两块殖民地，东佛罗里达和西佛罗里达。东佛罗里达位于延伸至墨西哥湾的一片土地上，是该片土地最南的地方。

在1821年之前不久，西班牙将这片土地割让给美国，长约400英里，土地面积有45000～50000平方英里。在1830年，该地区人口数量约为39834人。

佛罗里达州北部接壤佐治亚州，西部是亚拉巴马州，其主要河流查特胡奇河起源于阿巴拉契亚山脉，属于阿巴拉契亚河，阿巴拉契亚河又被叫作阿巴拉契科拉河。阿巴拉契亚，既是河流的名称，也是山脉的名称。

当我在写这本书的时候，佛罗里达州就快成为美国第27个州了。

5 人为分区

根据我在前几个章节讲的美国领土的范围和界线，如果我们仔细观察，就会发现，美国领土大致可以分为五个区域。第一个区域是位于大西洋沿岸的东部地区,是一条狭长的低地,也就是所谓的大西洋地区。这片条状地区宽度不等,为50~250英里。

第二个区域包含大片的山——阿巴拉契亚山脉;第三个区域包括密西西比河流域;第四个区域包含落基山脉;最后一个区域则是这些山脉以西到太平洋之间的舒缓山坡。

与欧洲地区相比较,或者与地球上其他大部分地区相比较,美国算得上是山区较多的国家。而与其他情况相似的国家相比,美国适宜耕作的土地面积要比它们大得多。

6 山脉(一)

阿巴拉契亚山脉

美国境内有两大山脉,东部的阿巴拉契亚山脉,以及西部的落基山脉。

阿巴拉契亚山脉偏东北—西南走向,从缅因州一直延伸到佐治亚州,在一些地方,山脉到海洋只有不到55英里的距离,但是在另一些地方,山脉距离海洋则有250英里远。

阿巴拉契亚山脉又被划分成许多小的山脉,比如,新罕布什尔州的怀特山脉、佛蒙特州的格林山脉、纽约州的卡茨基尔山脉,以及中部和南部地区的阿勒格尼山脉。这一系列山脉又进一步被划分成更多更小的山脉和山峰,而且被赋予了不同的名字。

阿巴拉契亚山脉全长将近2000英里,由于范围广阔,也被印第安人称为"不完山",除此之外,它也被称作"铁山"。位于西佛罗里达州,有一条阿巴拉契科拉河,"阿巴拉契亚"和"阿巴拉契科拉"分别是该地区山脉和河流的名称。

在新英格兰地区[1],位于新罕布什尔州的华盛顿山是怀特山脉最高的山峰,也是密西西比河东部最高的高地,海拔高达6428英尺;位于佛蒙特州的曼斯菲尔德山是格林山脉最高的山峰,海拔高达4279英尺;位于马萨诸塞州伯克希尔县的萨德尔巴克山是该州最高的山峰,海拔高达4000英尺。

在美国中部诸州,最高的山峰是位于纽约州的卡茨基尔山,海拔高达3800英尺;而格林布赖尔山是宾夕法尼亚

[1]指位于美国大陆东北角、濒临大西洋的区域。包含缅因州、新罕布什尔州、佛蒙特州、马萨诸塞州、罗得岛州和康涅狄格州。

州最高的山峰,海拔高达 3775 英尺。

在美国南方诸州,位于弗吉尼亚州的奥特峰属于蓝岭山脉的分支,海拔高达 4260 英尺;坎伯兰山脉是阿巴拉契亚山脉的分支,从东北向西南横穿田纳西州,最高峰海拔约 3000 英尺。

阿巴拉契亚山脉占据了宾夕法尼亚州将近一半的土地面积,从东到西约 200 英里。这里包含许多山脉,几乎都是东北—西南走向的。宽广的山谷之间分散着大量的小山丘。

从缅因州到佐治亚州,阿巴拉契亚山脉大部分山地依然覆盖着原始森林,生活着野鹿、熊、美洲豹等动物,不过在北部地区,这些动物的数量越来越少了。也有一些山峰,比如华盛顿山的山顶全是裸露的岩石。这片山脉平均海拔 2000 ~ 3000 英尺。

7 山脉(二)

位于密西西比河西部,落基山脉和阿巴拉契亚山脉之间有另一片山脉欧扎克山脉,但是其知名度不高,山脉长约 700 英里,宽约 100 英里。

欧扎克山脉海拔 1000 ~ 2000 英尺,最高的山峰海拔大约2500英尺。雷德河、阿肯色河以及密苏里河都起源于落基山脉，随后流经欧扎克山脉，然后一直向前流入密西西比河。

在苏必利尔湖南部也有一片丘陵，威斯康星河从该地区流过，因此，该地区也被称为威斯康星山脉，这个名字是从法语演变而来的。这片地区最初属于法国人，也就是加拿大人，后来为英国所有，最后才成为美国的领土，因此，对于同一个地方，法国人、英国人和美国人都有不同的写法和说法。

落基山脉是智利和秘鲁境内的安第斯山脉的延续，这片山脉从南美洲的南部开始，沿着海岸线一直延伸到北美洲的西北地区，总长度将近9000英里，是世界上最长的山脉。

落基山脉的高度和长度远远超过阿巴拉契亚山脉，山脉宽度为100～300英里，在150英里以外的地方就可以看到这片山脉。山顶上常年积雪，它有时候也被称为闪闪发光的山。在落基山脉南部，也就是靠近墨西哥的山脉部分，有时候被称为托皮恩山脉，有时候也被称为马泽尔姆斯山脉。这片地区以南的山脉，一般被称为安第斯山脉。

这些山脉鲜为人知，只有猎人们才会每年到山里去打猎，从而使人们对这些山脉有了些许了解。有一次，派克船长带了一队人马，试图前往雷德河和阿肯色河的发源地进行探险，山上的积雪、急流和悬崖峭壁让他们寸步难行，有一部分人因为经受不住严寒而牺牲了，最后以失败告终。

路易斯和克拉克也带领了一批人前去探险，他们是第一批征服这片山脉的美国人。从1809年出发，两年之后他们才回来，他们抵达太平洋，带回了详细的地理情况。经过这片山脉的时候，这批人遭受饥饿、寒冷以及疲劳的折磨，因为过度劳累和食物短缺而变得虚弱，很多马匹也都摔下了悬崖。

由于这片荒凉的地区并没有野生动物，这一大批人原本应该会被饿死，幸好受伤死去的马提供了食物，他们才得以存活下来，当他们从哥伦比亚河口回到家的时候，所有人都已经累垮虚脱了。

他们在五月中旬到达山脚下，那时候，他们试图翻过这片山脉，但是积雪太厚了，有6～10英尺深，他们只好回去，等到六月底重新出发。这一次，他们成功征服了这片山脉，但是由于这一趟旅程实在太久了，他们的朋友都以为他们死了。

尽管危险和困难重重，但是后来的探险者已经找到了合适的路线，能够比较顺利安全地翻越这片山脉。因此，就现在而言，大批的猎人和贸易者从密苏里州翻过这片山脉到达太平洋并安全返回，已经不是什么罕见的事情了。

落基山脉有一些山峰海拔非常高，就目前所知，朗斯峰是最高的，海拔高达13575英尺，詹姆斯峰海拔11320英尺,而西班牙峰海拔 11000 英尺。

这片山脉位于西北海岸,沿着太平洋边缘延展,因此,有时候被称为沿海山脉。此外,也被称为托皮恩山脉。

位于北美洲西北海岸的圣伊莱亚斯山,也叫圣伊利山或圣伊洛伊特山(其他地区也有名称类似的山脉)是世界上最高的山脉之一,但关于它在书上和地图上记载的历史却是比较新的,而且让人困惑,年轻的读者们即便想要寻找关于它的一些记录,可能也只是徒劳无功。书中记载它的名字很多,而且经常混在一起使用。常常会出现的情况是,同一本书中这座山出现了好几次,但是每次都使用不同的名称,而且每一次对于山的描述也都截然不同。

有时候,作者会告诉你,这是属于落基山脉的托皮恩山脉,也就是沿海山脉最高的山峰,但是如果放在美国境内,它海拔只有 16300 英尺;有时候,人们确实把它称作圣伊利山,但是如果放在安第斯山脉,放在墨西哥,它海拔18222 英尺。

与此同时,我们也被告知,安第斯山脉在巴拿马海峡北部的高度有所下降,一直往广阔荒芜的墨西哥高原那边延伸,在那里,山脉海拔不到8000英尺,不过到了哥伦比亚(这里指的是我书中提到的俄勒冈属地),山脉的高度变成了14000~15000英尺,也就是托皮恩山脉。有时候,圣伊莱亚斯山被描述是在新墨西哥州境内,一个远在墨西哥北部的地方,纬度位置大概在北纬42°以南,以"巨峰"

著称，海拔 19788 英尺，将近 20000 英尺。也有人声称圣伊莱亚斯山海拔 16000～25000 英尺。这些就是我们在地图和书本上可能找到的信息了！

事实上，圣伊莱亚斯山大致位于北纬 60°，西经 138°，就在费尔韦瑟山的北部！也就是位于美国和俄罗斯达成协议的荒凉之地。

我有必要进一步提醒年轻的读者们，理解托皮恩山脉的地理位置确实有一些困难。从某些记载来看，你们可能以为托皮恩山脉位于落基山脉的南部和东部，但它的真实位置却是落基山脉的西部和北部，属于落基山脉的一部分，有时候也被称作北安第斯山脉。事实上，它是西部山脉，沿着太平洋往北部延伸，一直到努特卡湾和贝林海湾。

8 山脉趣闻（一）

美国境内最有趣的山要数华盛顿山了，它位于新罕布什尔州，是怀特山脉最高的山峰。山顶是一个尖峰，就像一座巨大的金字塔从丛山中冒出来一样，到处是大块的花岗岩，堆砌成各种各样的形状。从山顶到附近 1 英里之外的地方，连一棵树的影子都看不到，只有少数开花植物散发出香味，引来一些苍蝇和蜘蛛。

要登上华盛顿山并不是一件容易的事情，不过每年都有几百人成功登顶，虽然爬山的过程很艰辛，但山顶上看到的美景绝对让人流连忘返。不管往哪个方向，在山顶上都能看到无数的池塘、湖泊、河流、小镇和村庄。

如果用上望远镜，从山顶往东南方向望过去，也许还能看到大西洋；往南面看，能看到温尼珀索基湖波光粼粼的湖面；西南面是莫纳德诺克山；东北面是安德罗斯科金河谷，景色壮观；北面是安贝戈格湖以及一片未被开发的荒野之地；西面是一片山区，覆盖着茂密的森林，只有零星的几个农场。

更远的地方，可以看到群山从康涅狄格州的西面拔地而起，但是已经看不到河流了。山峰却是一座比一座高，一直延续到格林山脉。后来，人们将其翻译成法语，也就有了佛蒙特州这个名字。

沿着海岸线前往华盛顿山的时候，旅行者会经过一个奇特的地方——山峡，那是一个狭窄的峡谷，总长有2英里，峡谷两边是陡峭的悬崖。这个峡谷，大概是大自然的杰作吧。

大峡谷的入口处是两块垂直站立的大石头，相距22英尺，这里是索科河的源头，河流穿过山峡往外流。

当旅行者进入这个大峡谷，他们肯定会被周围荒凉而肃穆的景象所触动。石头一块块堆积起来，大量的花岗岩堆砌成一座小山，上面被苔藓覆盖，由于长时间暴露，石头都已经变成白色的了。

　　过去,山峡这个地方更加出名,因为这里曾经发生过一个悲剧。事情发生在1826年8月28日,有一间小房子,也叫独立屋,就矗立在石头之间一片狭窄的平地上,威利先生一家在这里生活了两个季节,但是,在没有任何预兆的情况下,意外发生了。

山　峡

　　那天半夜,狂风暴雨骤现,肆虐着整片山区,狂风将泥沙卷起,伴随着石头、树木。威利先生和妻子、孩子被风雨惊醒,他们刚跑到门外的空地上,就被扑面而来的泥沙掩盖,最终在泥沙之中窒息而死。如果他们留在屋里,或许

被泥沙淹没的家庭

还能逃过一劫，因为狂风卷起的泥沙并没有将坚实的房屋吞噬，而是从房屋两边呼啸而过。

在这片山区，还有另一个奇特的景点，叫山老人，位于弗朗科尼亚小镇。那里有一座高达1000英尺的光秃秃的山峰，山顶上矗立着一块壮观的坚石，从某个角度看过去就像是一个人脸的轮廓，每个部位都非常清晰。

怀特山脉几乎占据了整个佛蒙特州的面积，但是山脉并不是很高，最高的山峰如骆驼峰和基灵顿峰海拔将近4000英尺。

阿斯卡特尼山是一座独立的山峰，位于马萨诸塞州温莎县附近，从山顶往下看，可以欣赏到周围壮丽的美景。

距离山顶不远的地方还有一个小湖。

格林山脉很多地方都覆盖着厚厚的绿苔藓，十分紧凑结实，从一块石头延伸到另一块石头，连成了一大片，有时候，甚至能承受一个人的重量而毫无损伤。

在缅因州，有一座山高达5385英尺，叫作卡塔丁山，是一座独立的山峰，山上崎岖不平。印第安人对这座山充满敬畏，认为这是神灵居住的地方，他们之间流传着许多关于这些神灵的神话和传说。

在马萨诸塞州北安普顿附近有一座高耸的山，叫作汤姆山，人们在40英里外的地方就可以用肉眼看到这座山。汤姆山附近有另一座霍利奥克山，山顶遍布岩石，常常有旅行者慕名而来，只为了看到山顶的美景，银色的河流经翠绿的草地和农田，从山脚下流淌而过。不管往哪个方向看，都能看到茂密的森林、青翠的山峰以及欢快的村庄，再往远处望，山色和天色已经融为一体了。

在康涅狄格州众多山脉之中，有一处特别的自然景观值得我们注意。如果你从纽黑文出发到哈特福特，就可以看到梅里登小镇几座高耸的山峰，也被称为蓝山。在这些山峰之间，有一个荒凉多石的峡谷，两边的悬崖高约300英尺，在某些地方，石头从悬崖边上凸出来，看起来非常吓人。

石头从山顶掉落山谷，慢慢地堆积起来，最后只在中间留下一条深深的裂缝。冬天的时候，大雪纷飞，很快雪就变成了冰,一年下来,即便到了八月份,也只有大块的冰块融化。在这个荒凉的峡谷中,有了一间天然的冰屋,也被称为猫洞。

距离这个地方不远处就是哀悼山,位于柏林小镇内,因为与这片地区早期的历史故事相关而出名。第一位英国人在康涅狄格州定居之后不久,另一位名叫切斯特的人便开始在韦瑟斯菲尔德生活。在一个阴天,切斯特在一片树林中迷了路。由于那片地方到处都是树林,因此,他在树林里走了很久都没有找到回家的路。时间越久,天色越暗,他越发感到孤单。

随着夜幕将近,切斯特知道自己肯定已经离家很远了,而且找不到援助,很快他就要成为野兽或怀有敌意的印第安人的囊中之物了。内心的恐惧促使他忍不住加快脚步,但是他依然找不到任何一个离开这片树林的出口。可怜的切斯特不安地迈着脚步,想念他的妻子和孩子。筋疲力尽的他完全失去了方向感,即便周围野狼和美洲豹的吼叫声此起彼伏,他也变得麻木了。

第二天早上,切斯特发现自己站在悬崖边上,只要稍有不慎,他就有可能掉下去。他全身因为恐惧而颤抖,他看了看周围,一片陌生,看到这一切,他知道自己现在肯定离家很远。

尽管因为饥饿,身体变得虚弱,但是切斯特靠着坚强的意志又熬过了一天。在树林里找浆果和野生水果充饥之后,他再一次鼓起勇气。他爬到树上和高处,希望能够看到有人居住的地方,但一切都是徒劳,他所能看到的,只有杂乱干枯的树木。

黑夜再一次降临,切斯特忍不住想,即便他能够再一次躲过野兽的攻击,对于黎明的到来,他又有什么值得期待的呢?他还是要面对同样的困境,而他的体力和意志力却在一点点消退。由于饥饿和疲惫,切斯特静静地看着周围的一切,最后终于睡着了。

第二天早上,他醒过来,再一次竭尽全力往山上爬,到达山顶的时候,他环顾四周,但是除了大片的树林,他什么都没看到,山谷中的村庄一个都看不见。天气和前几天一样是阴天,他不知道自己身处何方,也不知道回家的路在哪儿。

最终,切斯特听到了树林里传来的声音,就像鼓声一样响亮,他听到有人在呼喊他,声音离他越来越近,他也大声回应。几分钟后,他的一群朋友出现在他面前,这时候的切斯特已经是疲惫不堪,甚至有些精神错乱了。他的朋友已经在树林里找了他两天了,最后终于找到了切斯特,他们为此而欣喜若狂。哀悼山的名字就是从这个故事得来的。

在哈特福特西北大约9英里的地方有一座山叫托尔克特山。在一个叫蒙得维的亚的地方有一个小湖,位于康涅狄格河之上400~500英尺的地方,周围风景如画。在距离湖泊不远的一个悬崖上矗立着沃兹沃斯塔楼,这是由一位名叫沃兹沃斯的人建的。

在山顶上,湖泊周围耸立着大块的石头,往远处看,可以看到翠绿的草场和赏心悦目的乡村景色。西边是法明顿河河谷,树木青翠,村庄和农场清晰可见。东边的康涅狄格河谷,到处是果园、森林、草地和农田,郁郁葱葱,看起来就像一个大花园。除此之外,还能看到众多教堂和尖顶,丛林之中,小镇和村庄若隐若现。

在纽黑文有两座高山,叫东岩和西岩。如果从海湾走向小镇,就能看到如军事防御工程一般的景象。几年来,东岩一直是隐居者的住处;西岩则是一个山洞,传说将查理一世判死的其中一位法官曾经居住在这里。

关于这位英国国王的故事大致如下:部分英国国民对查理一世统治国家的手段非常不满,因此,国王被关进监狱、受审、受谴责,最终在伦敦怀特霍尔被斩首。几年之后,查理一世的儿子查理二世成为英国国王。

随后,卷入查理一世斩首的人都逃离英国,其中好几个是当时的法官,因为判决了国王的斩首,也被称为弑君者。有两三个逃到美国,其中一个在纽黑文附近找到一个山洞躲避,正如我前面所说的。这个山洞也被称为弑君者山洞,有些人对此很感兴趣,所以经常有人来参观。

在康涅狄格州的西边,是很多低矮的山,形成了和纽约州的分界线。传说有一位女隐士以主教的名义生活在山里，一年四季她都居住在一个石洞里，石洞里没有火，没有床铺，只有冰冷的石头。

女隐士

这位女隐士在山里面生活了25年，基本上靠坚果和树根维生。秋天的时候，她采集、储存坚果和树根，作为冬天的储粮；夏天的时候，她经常到附近的村庄里看望村民，很多人也经常去看望她。

大约在25年前一个极为寒冷的冬天，人们发现她差点冻死在山洞里，于是将她带离石洞，让她在暖和的地方度过了一个寒冬。第二年春天刚刚到来，她就马上准备回到石洞里，不幸的是，在距离石洞不远的地方，她的脚陷进一片泥潭里，没办法爬出来。第二天早上，人们发现了她的尸体，身子挺得笔直，双脚冻僵在泥潭里。

9 山脉趣闻（二）

在纽约州北边，有一片山脉，叫作秘鲁山脉——这是当地居民起的名字，因为他们相信，这些山和秘鲁的山一样埋藏着许多珍贵的金属。其中离尚普兰湖最近的一座山峰叫怀特费斯山，离湖约3000英尺。

在纽约州以北55英里的地方有一片高耸的山地，也被叫作高地，哈得孙河从山脚下流过。穿过河流，你就能看到高地的壮观景象了。从远处看，这片高地就像是天空中飘着的一朵黑蓝色的云，一走近，又是另一番高耸挺拔的景象。

这片地区景色优美，夏天的时候吸引了一大批游客而来。在距离哈得孙河大约7英里的地方有一个别致的酒店，叫作山房，高出河面约274英尺，在酒店里，就能看到视野广阔的美景。

在卡茨基尔山脉当中，临近高地的地方有两个著名的峡谷，其中一个是卡茨基尔河河谷，另外一个是普拉特基尔河河谷。河流从大小不一的石头间隙流淌而过，河岸两边常常是陡峭的悬崖。站在河谷中间抬头往上看，有的石头看着像城堡，有的像堡垒，有的像城墙，高高地矗立在空中。悬崖边上尽管饱受风吹雨打，但依然有几棵凋零枯萎的松树坚强地挺立着。卡茨基尔、普拉特基尔都包含"基尔"这个词，"基尔"从荷兰语演变而来，意思是小河。

在哈得孙河西边，距离纽约州大概8英里的地方，有一片山脉，叫作帕利萨多斯山，沿着河岸延伸大概有20英里，有的地方海拔高达500英尺。在很多地方，山峰垂直于河流矗立在两岸，高耸入云。

在弗吉尼亚州，波托马克河和谢南多亚河在此交汇，穿过阿勒格尼山脉，即蓝岭一带。河谷宽不到1英里，这似乎是大自然的又一佳作，站在最高峰，就能一览山脚绝美壮观的景象。

在西弗吉尼亚州有一处著名的悬崖叫"霍克斯克斯特"，那里是世界上风景最优美的地方之一，后来有一位旅行者到那里，写下了这样一段话。

在西弗吉尼亚州的阿勒格尼群山当中，我在这里看到了最好的景色。出了查尔斯顿，大卡诺瓦河一直往前流淌，经过一个肥沃的河谷，两边是树木茂密的高山。

当我们走近卡诺瓦瀑布时，映入眼帘的是一幅更为壮观的景象。耕地越来越少，只有河岸边少数几处，河流的另一边是大量堆积的石头，大部分高达55英尺，而且与河面垂直。看起来，旅行者想安全穿过这片地区也不是件容易的事情。

　　当我们到达瀑布底部的时候，我们开始往山上爬，经过一段缓慢而艰辛的路程，我们从一座山爬到另一座山。现在，我们发现自己处在一片高耸的群山之中。我们离峰顶还有一小段距离，但看到眼前的美景，看到在山石间奔腾咆哮的河流，所有的辛苦都值得了。

　　经过大约7英里的艰辛旅程，我们终于爬上了峰顶，距离著名的"霍克斯克斯特"只有几步之遥。我们沿着一条小路走进一片树林里，走了没多久，眼前豁然开朗，我们到达了一小片开阔的平台，在我们脚底下，是距离大约1000英尺的河谷！

　　往四处看，视野开阔，景色美得无法言喻。往远处眺望，可以看到一山更比一山高，最远处的山与天空融为一体；再往下看，刚刚宽阔咆哮的河流转眼间就变成了我们脚下一闪一闪细小的亮光。

　　虽然我们现在所站立的地方看着有些危险，稍有不慎就会掉入悬崖，内心的恐惧是无法避免的，但是，这丝毫没有削减我们看到眼前这壮丽景观而产生的激动之情。不过，只有当我真正站在"霍克斯克斯特"之上的时候，我才能真正理解到前人说过的一句话："登上崇高之处，必然需要克服恐惧。"

　　在南卡罗来纳州有一座山峰，海拔大约4000英尺，被称为桌山。在山的一边有一处悬崖，海拔大约900英尺，这里曾经生活着许许多多的动物,但是稍有不慎它们就容易掉落悬崖而尸骨无存,因此,现在已经看不到什么动物了。

在田纳西州,山脉似乎被施了魔法,坚硬的石灰岩上印着各种奇怪的脚印,包括人类的脚印、马的脚印以及其他动物的脚印,即便时间过了很久,但是这些印迹看起来就像昨天刚刚印上的那么清晰。

从这些脚印我们可以得到很多的信息,比如,人类的脚印几乎全部都有六根脚趾,只有一个脚印除外,这个脚印估计是黑人的脚印,大概有16英寸[1]长,13英寸宽。

这些奇特的自然现象显著表明了石灰岩的形成过程,因为在这片山区,脚印只出现在石灰岩上面,其他的岩石上都没有出现任何的脚印。而且,与普通的岩石相比较,石灰岩肯定是不久前才形成的,因为马的脚印和黑人的脚印也隐含了欧洲人到达北美洲这片地区的时间,不过,所有这些脚印的形成,包括六根脚趾的脚印都是很难解释得通的。如果这些脚印的石化发生在欧洲人到达美洲之后,那就说得通了,但是我们跟这些有六根脚趾的人有什么关系呢?跟这个只有一个脚印,也就是只有一条腿的大家伙又有什么关系呢?而且这个脚印长达16英寸,宽达13英寸。对于这一切,我自己也很难说清楚,只能说"在旅行中,旅行者总能发现奇特的东西"。

派克船长对落基山脉,也就是大怀特山脉其中一座著

[1] 1英寸约等于2.5厘米。

名的山峰进行了描述。这座山峰坐落在普拉特河和阿肯色河之间的河谷,派克船长估计这座山峰海拔18000英尺,差不多和圣伊莱亚斯山一样高。这座山显然高出周围其他的山脉,派克船长和他的团队连续十个星期不管走到哪里都能看到它。无论他们走到哪里,这座山总会出现在他们头顶,似乎在观察着底下的山谷以及其他低矮的山脉,跟随着派克船长一行人的脚步。因为派克船长的缘故,这座山有时候也被叫作派克山,是阿肯色州和德克萨斯州平原上重要的一景。

10 山脉的作用(一)

在多山的地区,常常会有众多的悬崖峭壁以及崎岖的山坡,很少有耕地,这些地方看上去像众多野生动物的栖息地,又像隔断了山区两边联系的屏障。因此,如果这么看的话,山脉对人类来说,似乎没有带来太多的好处,更像是恶魔。不过,如果我们掌握了更多的知识,更加深入地进行思考,我们就会发现,存在即合理。

年轻的读者们,我来告诉你们,造物主用智慧创造了这个世界,并用仁慈和宽容来掌管这个世界。我向你们保证,如果有人对这个世界表示不满——无论是对世界的形成,还是对生活于其中的生物,那么这些人肯定是非常无知的;如果有人对大自然的运转表示不满,那么这些人必须得到教育,必须获得智慧。

山脉给人类带来了许许多多的好处,首先我们能想到的可能就是山顶上常常凝聚的云层,化成雨和雪降落到山间,随后,雨水化成千万条细流,从山的各个方向往下流淌,慢慢地汇成一条河流,穿过山谷,给大地带来水的滋润。

因此,山脉也可以被认为是"河流之父"。如果你仔细观察整幅美国地图的话,你就会发现,美国几乎所有重要的河流都起源于阿巴拉契亚山脉或落基山脉。也就是说,如果美国是一个地势平坦的国家,没有了这些山脉,那它也就失去了众多的河流。

山脉带来的另一个好处就是,山脉能够改变空气的流通,因此,在多数情况下,山脉能够阻止传染性疾病的传播。如果没有这些山地来改变空气的流通情况,也就是说,要是北美洲所有的地方都处在同一个平面上,那么若是在大西洋沿岸地区发生了一场瘟疫,可能这瘟疫很快就会随着风传播到太平洋沿岸地区。不过幸运的是,这些山脉的存在不但改变了空气的流通,而且通过降温和吸收废气改善了空气的质量。

或许你也能觉察到,山顶上的空气比山谷里的空气要凉快些,越高的地方,你会感到越凉快。到了海拔15000~16000英尺的地方,即便是在盛夏,也是大雪纷飞,非常寒冷，而且在高处，那里的雪大多不会融化，会结成冰，年复一年，越积越厚。因此，那里长年覆盖着闪闪发亮的皑皑白雪。

在阿巴拉契亚山脉的众多山峰中，山顶上并不会常年覆盖着皑皑白雪，在华盛顿山上，积雪最早在六月份就开始融化，但是在落基山脉那些更高的山峰，积雪常年不会融化。

南美洲、欧洲和亚洲的一些地方比美国大部分地方要暖和得多，但是高耸的山上还是常年积雪。风从温度较低的山顶上吹向山谷，和底下酷热的风交汇，带来凉爽的清风。但是有时候，源于山区的寒风会让土地变得干燥，农作物枯萎，动物灭绝。

因此，你可以看到，山脉对大气的降温起到了很重要的作用，对气候炎热的地方来说尤其重要。如果没有了山脉，人类就无法在这些酷热的地方居住。即便在气候比较温和的地方，比如说美国，夏天的时候天气还是很热的，山脉的降温作用能给人们带来清凉和舒适，这也是非常重要的。

在美国南部的一些州的夏天，天气就更加炎热了，如果不是有阿拉巴契亚山脉，那些地方根本无法居住。如果没有了这些山脉，估计现在人口众多的南卡罗来纳州、佐治亚州、亚拉巴马州、密西西比州和路易斯安那州也是无法居住的。

根据实际经验,山上的空气质量更高。在所有气候温和的地区,如果瘟疫在低地爆发,人们会跑到山上躲避瘟疫。在西印度群岛、南美洲以及美国南部的州,每当黄热病在海岸附近的城市爆发时,人们就会退到山区以躲避瘟疫。

11 山脉的作用(二)

我在前面已经说过了,爬山的时候,随着海拔的升高,温度也会越来越低。即便在盛夏季节,人们乘坐热气球升到天空,才到距离地面两三英里的地方,就会觉得冻得要死了。要知道,这还只是在地势比较低的地方,如果是在山区的话,气候更寒冷得多。

气候的差异导致了农业和畜牧业的差别。在南美洲,不同的海拔、不同的气候,盛产不同的树木、灌木以及其他的植物。在海拔较低的地方,气候炎热,生长着各种瓜类、无花果、柠檬以及其他甘美的水果。在山区中部,气候比较温和,生长着橡树、桦树以及其他适应温和气候的树木。在海拔更高的地方,气候变得阴冷,不过还能看到低矮的冷杉树。到了海拔最高的地方,白雪皑皑,就只能看到地衣类和苔藓类植物了,就像格陵兰地区一样。

因此，我们可以看到，山脉使一个地区的农业生产变得多样化，也为当地的居民提供了福利。一些喜好寒冷气候或栖息高地的野兽和鸟类选择生活在山里，这也让生活在山区的动物种类变得更加多样化了。

除此之外，山脉还有另一个特点。通常来说，从北方吹来的风要比南方吹来的风冷得多，山的南面经常不会受到北风的影响，而且能够接收更多来自太阳的热量，因此，气候常常和山的另一面大有不同。一般来说，在山的南面可以看到众多可口的水果，如葡萄和桃子等，而在山的另一面，更常见的是一些耐寒的树木。

当你穿过新英格兰地区的时候，你就会发现我说的这些是有根据的。在地势低矮的地区，你可以看到种植小麦、燕麦、玉米、黑麦和大麦的田地，你可以看到种满土豆、甜菜、胡萝卜、芦笋、黄瓜和其他瓜类植物的园林；到了山区，气温有所下降，你就可以看到大片的草地成为畜养牛群的牧场；而到了山脉的南部，你可以看到种植着苹果树、桃树和梨树的果园。在果园里，你还可以看到当地生长得旺盛的葡萄，葡萄藤沿着墙壁和棚子不断往上爬。

在这些山脉的北面，大部分农民们会圈养绵羊。这些绵羊喜欢山上的矮草，在气温较低的地区，绵羊的绒毛也变得更厚更精细。佛蒙特州和新罕布什尔州的美利奴羊绒毛原本和丝绸一样又细又滑，但到了古巴之后，它们的绒毛就变得跟狗毛一样粗糙了。

除了上面提到的这些好处以外,山脉还能给我们提供赏心悦目的美景。冬天的时候,山上白雪皑皑,虽然荒凉萧瑟,但是高耸入云的山峰让人油然产生一种敬佩之感。夏天的时候,青山翠绿,满眼望去全是常绿植物,如香柏、铁杉、松树以及其他的冷杉,呈现出一幅与冬天截然不同但同样壮美的景象。

春天的时候,看着披着棕色衣裳的群山换上了绿色的新衣,如同魔术师的魔法一般,也是一件赏心悦目的事情。一开始像是一层薄薄的面纱,随着新芽长出、新叶成形,整片山区仿佛换上了一件绿色的衣裳。渐渐地,树叶长得愈发繁茂,整片山区变成了一片碧绿的海洋。

秋天的时候,群山换上了色彩斑斓的衣裳。初霜降临,枫叶变成了红色和紫色的;橡树、白蜡树、栗树和山毛榉似乎染上了千百种不一样的颜色,有些如商店橱窗展出的丝绸一般鲜亮,这美丽的景象常常成为诗人笔下的美好。比如下面这首诗,就是对秋天最好的赞美。秋天,正如你们所了解的,也是落叶的季节。

致秋天

你盛装而来,

披上黄褐色的外衣,

没有让人忧愁的天空,

也没有单调、苍白、悲伤的花,

像国王一般，吹响胜利的号角，

华丽的提尔紫长袍，

芳香四溢的朵朵鲜花，

以及鲜艳夺目的紫色花冠！

为什么说秋天

是一年四季中的盛会？

相比于春天和夏天的盛装，

她愈发美丽和鲜亮。

夕阳西下，红色的余晖落在

石头上、溪流中，以及蜿蜒曲折的河岸边；

岸边的树木、灰色的花岗岩，

笼罩在琥珀色的云彩之下。

干净宽广的湖水，安静地躺在

夜晚金色的光辉之下；

对着玻璃般明亮的天空，

呈现它们混合而成的色调。

远处枝节繁杂的树林，

遍地的落叶，

如深红色的地毯，

位于深红色的苍穹之下。

太阳慢慢落下，光芒愈发明亮，

刺穿繁茂的森林，

整个宇宙似乎笼罩在光芒之下，

如同一件玫瑰色的长袍。

啊,秋天!你的艺术就是这里的国王;

你的皇冠周围,

是千万份芳香的献礼,

是来自金秋的果实,是鲜艳绽放的花朵!

这里我讲的是美国的山脉,北方地区受到的影响比其他地区更为明显。一到秋天,山脉就变得色彩斑斓。我曾经看过北欧地区,虽然在十月份和十一月份的时候,那里树叶也会变换颜色,但绝没像美国的山脉那样色彩鲜艳,让人眼前一亮。这其中的原因就是纬度的差异,因此,欧洲北部和美国北部地区所盛产的果蔬也大不相同。

对于一个生活在山区的人来说,看着山脉不断换新装就如同享受着永不疲倦的乐趣。四季的变化,天气的改变,总会带来不一样的美景。

有时候,山上似乎烟雾弥漫,慢慢变得模糊,最后消失不见。在第二天清晨,视野清晰的时候,烟雾似乎又能清楚地展现你的眼前,仿佛一伸手,指尖就能触摸到云雾。

清晨的时候,四周常常雾气环绕,你可以从中判断这一天将会是晴天还是雨天。傍晚时分,蔚蓝的天空开始变得昏暗,落日徘徊在远处的山边,金黄色的光线和紫红色的晚霞交相辉映,随后慢慢沉落山下,夜幕也就降临了。最终,天空的湛蓝消失不见,整片山区笼罩在夜幕之下。

如果没有月光，山脉看起来就像沉睡过去了。月光闪耀，山脉显得肃穆庄严，看到这样的景象，内心忍不住产生些许愉悦之感。

　　冬天的时候，你也许有机会看到雪云聚集在山顶，直到最后，无数的雪花飘过，铺满山坡和山谷。夏天的时候，你也许有机会看到山顶上空飘着的乌云，听到打雷闪电的声音，过了好一会儿，才下起了倾盆大雨。闪电雷声不断，有时候，闪电径直劈向石头，似乎是上天在发怒。以下这首诗描述的就是阿尔卑斯山打雷闪电时候的壮观景象——

> 变天了！变天了！啊，黑夜，
>
> 暴风雨、黑暗，你们如此强势而来。
>
> 你们又是如此可爱，
>
> 如同女人黑色眼睛里
>
> 闪现的光芒！
>
> 从远处而来，
>
> 掠过山峰、掠过悬崖峭壁，
>
> 雷声阵阵，山摇地动；
>
> 汝拉山回应着，
>
> 阿尔卑斯山响应着。
>
> 在这个夜晚，惊天动地的夜晚，
>
> 你辗转入眠；

让我一同分享你的力量和愉悦,

感受暴风雨的猛烈冲击!

明亮的湖面波光粼粼!

滂沱的大雨随风起舞!

现在,天色又变黑了,

雷声阵阵,山摇地动,

为此,它们欢呼雀跃!

从远处看,你就能看到山脉为人类提供的各种美景。如果你亲自登上峰顶,就会发现另一个崭新的世界。当你登上了一座陡峭的山峰,就会发现,后面还有更高更远的山峰,正如人们所说的,"一山更比一山高"。

因此,你会发现,一眼望过去是一座大山,实际上是由无数山峰、悬崖、高地组成的。从远处看,山脉看似平滑,宛如身披一件碧绿的大衣,但身处其中,你就会发现,山上到处是河谷、斜坡、乱石和洞穴。

山上的景象瞬息万变,如果你身处其中,就会发现周围景色瞬息万变,多种多样。有时候你会发现自己置身于一座山峰之上,视野开阔,四周的美景一览无余;有时候你会发现自己身处一个峡谷之中,周围因悬崖绝壁和树荫的遮挡而变得阴暗。

有时候,你会遇上从山石间湍急流过的小溪流;有时候,你又会遇上平静如镜面的湖泊;有时候,突然出现的宏伟山石可能会把你吓一跳,有时候,风景如画的美景也会让你由衷地感到欣喜。

12 山脉的作用(三)

我希望我对山脉的描述,能使你们能够更好地了解山脉的两个特点:一个是山上美景为我们提供的愉悦之感,另一个是山脉用它自身的特征为我们提供的好处。

不管是谁创造了这个世界,为人们提供住处,这个住处都应该是令人愉悦的。如果上帝创造了一个只有平地没有山地的世界,那我们将失去多少生活的乐趣啊!

路易斯安那州大部分地区只有平原。我最近遇到了一位来自路易斯安那州的朋友,他之前从来没有看到一座山。当他抵达阿巴拉契亚山脉的时候,因为内心的激动而忍不住热泪盈眶。他告诉我,在旅途中,他的视线一直离不开山脉,看着这些山脉,他心中有种无法言喻的喜悦。

如果有人怀疑上帝创造这些山脉的智慧和善意,那么,就应该让他先去山里生活一段时间,然后再让他去如同海洋般无边无际的平原地区生活,到那时候,他肯定会无比怀念之前的山区!他肯定会对之前的山区赞叹不已!他肯定会希望生活在周边随处可见石头、峭壁、悬崖的地区！

我们都看到了，山脉除了能为人们提供躲避瘟疫的场所、改善低地的空气、阻挡流行病的传播、为各种植物和动物提供生活环境以及其他好处和作用之外，山脉本身的美景就是我们最大的享受和乐趣。

山脉能够对人的性格产生永久性的影响，这是有很多原因的。首先，多变和多样的山脉能够给人们带来不同的感受和想法。一个人如果生活在平原，看不到一座山，那他只能看到周围的一些事物；但是如果生活在山里，他就会常常因为突然出现的自然美景而激动。

正如我们前面提到的，山脉的面貌总是在不断发生变化。季节交替、气候变化，总能让山脉焕然一新。

去吧，去山里的任何一户人家待上一个星期。在山里，人们清晨起来的第一件事就是看看周围的高山，这一天下来，人们观察并讨论山，到了晚上，山依然是谈话的主题。

居住在山里的人们心里会有许多特有的想象和话题，随着他们在山里的旅程和探险增多，不断有新的想象和话题涌现。因此，他们的内心变得更加活跃、更有活力。从这一点来说，山里的人们更具有诗情画意。

我这么说是有根据的：美国大部分诗人作家都来自山脉众多的地区，在欧洲也是如此。

如果我们从另一个角度来看，就可以找到山脉对人们性格产生作用的另一个原因。当我们走在群山之中的时候，我们常常会被看到的景物震撼。周围的一切似乎都是有生命的，看到这一切，我们忍不住去感受、去思考，从而对我们的内心产生深刻的影响。

下面这一段话写得非常好——

> 坐在石头上、地面上冥想，
> 然后摔倒，
> 慢慢地跟随森林美景的脚步，
> 这里的一切与人类无关，
> 这里少有人类的足迹，
> 攀登前所未见无路可寻的山脉，
> 陪伴不被羊圈困住的绵羊，
> 独自攀登，依山傍水，
> 这不是孤独，而是——
> 亲近大自然，看它千姿百态。

山里的美景给我们的内心带来了愉悦，也开阔了我们的视野。除此之外，生活在山里的人们身体也更加健壮。首先，清爽的空气让人精神振奋，其次，山里到处是悬崖峭壁，山路崎岖不平，为了克服这些困难，人们不得不花费更大的力气，因此，山里的人们一般比其他地区的人们身体更加健壮，肌肉更加发达，也更能吃苦耐劳。

山上的土地不像平原和山谷的那么肥沃，它不能够提供舒适富裕的生活，因此，山上的人们更加勤勉和节俭，他们需要经过辛苦劳作才能获得粮食和生活必需品。他们对所拥有的一切都非常珍惜，他们没有时间可以浪费，也不会轻易浪费一点一滴。

生活在山里的人们不仅拥有勤勉节俭的性格特点，他们也拥有果断勇敢的精神。他们常常攀岩走壁，在陡峭的山坡上爬上爬下，在迷宫般的森林里来去自如，因此，他们不可能胆小怕事，一般来说，有了这样的生活经历，大部分人都身体健壮、果断勇敢。

如果有外来人攻击山里的居民，那么这个外来人要应对的就是一个身体健壮、精力充沛，而且将自己所拥有的一切视若珍宝的山里人。他要攻击的就是一个呼吸着自由空气、抵制任何束缚，并且会用尽全身力气和精神去抵抗外来敌人的人。

这就是山脉可能对人们性格带来的影响，历史也证明，不管在什么年代，确实都是如此。在革命运动中，格林山脉的人们，也就是现在的佛蒙特人以他们的勇敢而出名。此外，千百年来，在苏格兰高地、瑞士阿尔卑斯山以及欧洲其他多山的地区，人们对侵略者的入侵都表现出了坚定的抵抗决心。

除了我这里列举的种种好处之外，山脉还有着丰富的矿产资源，金矿、银矿、白金矿以及其他珍贵的石矿，比如钻石、红宝石和蓝宝石都能在山里找到。

我们不应该认为山脉是无用的或是有害的,反过来,我们应该对山脉表示敬意,因为它能够阻挡疾病的传播,给人们带去健康;它能够将凉爽的风吹送到酷热的地区,给人们带去舒适;它能够为果蔬和动物的多样性提供良好的生存环境;它是一个埋藏矿产宝藏之地;它能够给人们带来喜悦之情;它还能够让人们的身心都得到放松。

山脉还是天然的屏障,能够阻挡侵略者的步伐;此外,当低地的城镇沦陷之后,山脉常常成为人们能够获得自由的安全庇护场所。

13 山脉简图

植物生长的土壤、流水冲积形成的泥沙构成了地球表面的地表层,这些地表层成为地球的架构,就像支撑人类身体的骨架一样。

山脉是地球表面升起的高地,由大量的石头堆积起来,表面全部或部分覆盖着我刚刚提到的那些泥沙。总的来说,越高的地方有越多裸露的石头,高耸的山峰上常常就是如此。

从地理,即关于地球的结构,我们可以得知构成山脉的岩石有三类不同的形态,第一类是最老的岩石,包括花岗岩和其他种类的硬质岩石。

这种形态的岩石在山脉的组成当中占据比例最小,是其他种类岩石的基础。在某种情况下,构成山脉的岩石有可能全是花岗岩。在古老的大陆,陡峭的山峰常常就是由花岗岩构成的。

这种最古老的,也是第一类岩石形态被叫作"基石",华盛顿山以及阿巴拉契亚山脉的很多山峰都是由花岗岩构成的,这些山峰上的景色常常是壮观而荒芜的。

第二类岩石中,最常见的是暗色岩,颜色灰暗、像铁锈一般,由于灰暗的颜色和坚硬的质感,这种岩石也被称为铁矿石,它的产生和玄武岩有一定的关系,应该是从地球内部的熔浆演变而来的。

这些岩石很常见,纽黑文有两座山,我在前文提过的,分别是东岩和西岩,就是这种石头构成的。马萨诸塞州北安普敦的汤姆山和霍利奥克山也是由这种岩石构成的。在大多数情况下,暗色岩和花岗岩之间常常夹杂着一层砂岩。

砂岩也属于第二类岩石,是大部分山脉的主要构成成分,通常也被称为毛石,它还是建筑的重要材料。砂岩由砂粒组成,一般是在水下形成的。除此之外,第二类岩石还包括石灰岩、大理岩、板岩、煤炭、岩盐和其他许多材料。白垩岩层就是由这些岩石构成的,在英国和法国都很常见,但是在美国却几乎找不到。

第三类岩石比其他两类岩石的形成时间较晚,包括泥土、沙子、砂岩、粗砂岩以及一种叫作鱼卵岩的岩石。除此之外,我们还发现了一些好看的贝壳和其他动物的遗骸。

这三大类岩石就是大部分山脉的主要成分,有一些山脉是由其中一类岩石构成,有一些由其中两类岩石构成,还有一些由三类岩石构成。在大部分山脉中,一般是由多种岩石构成的,只有大多数单独的山峰和山脊是由单类岩石构成的。不过,第三类岩石在平原和山谷中比在山脉中更为常见。

除了这三类常见的岩石形态,还有其他三类岩石,可以说是大自然的意外之笔。第一类是火山岩,是火山爆发时遗留的物质,一般在火山附近或者曾经出现过火山的地方能找到。

另一种是冲积形成的岩石形态,由河水冲积或是海水冲积形成,包含大量的砂石和碎石。这一类岩石也是构成山脉的重要成分,包含许多圆形的鹅卵石和受流水冲刷磨损的石块。

最后一种是流水冲积形成的岩石形态,由泥巴、土壤和沙子构成,一般在河岸堆积,在山谷中也比较常见。这类岩石其实也是河流冲刷的结果,河流带动土壤中的小颗粒往前流淌,慢慢地堆积形成河岸。

你应该可以察觉到，前面三类岩石形成时间比较早，比较坚固，构成了山脉最结实的部分；而后面提到的三类岩石则形成的时间比较晚，主要包含砂石中的各种碎石和颗粒，是由于火山爆发或流水冲积才形成的。

14 山脉的不同类型

根据我前面提到的，你们应该可以发现山脉一般分成两类，各自有不同的起源。

其中一类山上常年覆盖着皑皑白雪，这类山脉一般是由原生岩构成的，有时候也被称为大洪水前的岩石。通常来说，这些山脉比其他山脉要高得多，山坡也更加陡峭，更加难以攀登。

欧洲的阿尔卑斯山脉和比利牛斯山脉、亚洲的喜马拉雅山脉、非洲的阿特

阿尔卑斯山脉

拉斯山脉都属于这种类型的山脉。南美洲的安第斯山脉、墨西哥的科迪勒拉山脉以及北美洲的落基山脉从高度上看似乎也应该属于这种类型，但是在安第斯山脉，暗色岩出现在海拔15000英尺以上的山峰之上，而在欧洲，这一类石头一般只出现在海拔4000英尺以下的地区。

另一类山脉的形成时间比较晚，要么是由于地球内部的岩浆活动形成的，要么是由于流水冲积形成的。这类山脉海拔比较低，比较容易攀爬。

第一类山脉如阿尔卑斯山脉，展现在我们眼前的通常是各种腐蚀性岩石以及高耸尖锐的山峰，这些山峰有时候也被形象地称为针或角。不过在这类山上，一般很少有果蔬生长，常常是一幅贫瘠荒芜的景象。

阿勒格尼山脉更符合第二类山脉的特点，和同类山脉一样，阿勒格尼山脉的山顶坡度不大，从远处看，整片山脉显得温顺安静，不像阿尔卑斯山脉到处可见高低不平的石头路。在阿勒格尼山脉大部分地区都能看到繁茂的树木，山坡上也常常能看到各类植被。这类山脉一般是由暗色岩、砂石以及其他第二类岩石构成的，不过，怀特山脉和格林山脉的山峰却是由花岗岩构成的。

和安第斯山脉很像，落基山脉更是到处都是裸露的岩石，事实上，落基山脉是安第斯山脉在北美洲的延续，因此，落基山脉的岩石构成在很大程度上和安第斯山脉是一样的。

世界上大约有200座火山,但是正如我前面所说的,美国境内连一座火山都没有。不过,一些穿越落基山脉的旅行者们说过,他们在经过这片地区时常常听到如炮弹发射的声音,他们猜想这是火山爆发产生的声音。

人们在很多地方似乎都能觉察到火山活动的踪迹,但是事实上,并没有人真正看过火山爆发。在墨西哥湾南部和西部边界、南美洲以及欧洲的部分地区,地震是一种常见的地质运动,但是在美国基本上没有发生过,即便有,也只是轻微的震感。

在欧洲,有几座火山较为活跃,包括西西里岛的埃特纳火山以及那不勒斯的维苏威火山,火山爆发的时候,岩浆和其他物质从山脉底部喷涌而出。在冰岛、桑威奇群岛以及太平洋某些岛屿上也有类似的火山。

墨西哥、危地马拉、秘鲁和智利也有火山存在,数量有将近100个。有一些火山活动非常频繁,火、岩浆和烟从火山口喷出,形成惊心动魄的壮观景象。火山爆发的时候,常常伴随着恐怖的声响,像远处的雷声一般,整个地表被震得颤颤巍巍,大量的岩石、岩烬、火山灰、岩浆和火光从火山口喷涌而出。在欧洲,曾经出现过整座城市被火山溢出的岩浆和火山灰吞没的情景。

在火山附近,地震也经常发生。正如前文提到的,地震在欧洲和南美洲发生比较频繁。最近一次地震摧毁了智利中西部的一个城市瓦尔帕莱索。虽然这么说有些夸张,但是据说地震发生的时候,1500英里以外的人们也能听到声响。

山脉是地球表面最高的高地,海拔不超过300英尺或400英尺的高地通常被称为丘陵。有时候,山脉是单一的,如马萨诸塞州的沃楚西特山,不过一般来说,山脉是成片出现的,也就是形成一个系列,这些山脉的底部是连续的。

多个不同系列的山脉常常相互连在一起,也就形成了一个山群,几个山群相连,就形成了一个系统。因此,怀特山脉是一个系列山脉,格林山脉是一个山群,而阿巴拉契亚山脉是一个系统。不过,这些专有术语常常在不同的情境下使用,而且经常被交互替换使用,也有人使用了一些其他的术语。

15 山脉的比较

怀特山脉最高的山——华盛顿山的海拔约6428英尺,落基山脉最高的山峰海拔约13575英尺,北美洲的圣伊莱亚斯山海拔约17870英尺。

长久以来,人们普遍认为南美洲最高的山当属钦博拉索山,海拔达21440英尺。在白雪覆盖的山顶上,常常可以看到秃鹫盘旋飞翔的身影,这大概是鸟类所能抵达的最高点吧。

苏格兰最高的山,也是英国最高的山,是本尼维斯山,海拔约4380英尺。

法国最高的山是桑西山,海拔高达6230英尺。欧洲大陆最高的山脉是阿尔卑斯山脉,主要位于瑞士境内。如果你从意大利或法国出发,在很远的地方就能看到阿尔卑斯山脉了。白雪覆盖的山顶直指云霄,阳光一照耀就变得闪闪发亮,山顶上空常常会出现大片的乌云。

如果你有机会到欧洲旅游,你肯定不能错过这些著名的山脉。你能在深处的山谷中找到人们的居住地,有的在悬崖边上,底下是壮观的瀑布。有的在蓝色清澈的湖泊旁边,在那里,你能看到山脉南面的山坡上大片的葡萄园,人们在收获果实;你能看到山丘上生长着繁茂的牧草,人们在给奶牛挤奶。

走在山中或是悬崖峭壁上,你就能看到很多人,他们脸上都挂着笑容。山里的耕田以及天然形成的山谷美景削弱了人们对大自然庄严崇高的畏惧感,美景相伴,早已让人忘却恐惧。看到各种各样的事物,你就能尽情地想象,尽管现在北美洲的落基山脉仍是一片荒凉之地,仅仅生活着一些可怕的熊和野生绵羊,但是在不久的将来,和瑞士的山脉一样,这里也会变成一个快乐的居住地。

阿尔卑斯山脉最高的山峰是勃朗峰,海拔约15730英尺,也就是近3英里。好几位旅行者已经成功登顶勃朗峰,但整个过程非常艰辛,而且危险重重。

世界上最高的山脉位于亚洲,被称为喜马拉雅山脉,最高的山峰是珠穆朗玛峰。

下图代表美国以及北美洲几座山脉和其他国家的山脉海拔的比较:1代表喜马拉雅山脉;2代表安第斯山脉;3代表圣伊莱亚斯山脉;4代表非洲的马达加斯加山脉;5代表勃朗峰;6代表落基山脉;7代表华盛顿山;8代表卡茨基尔山脉;9代表阿勒格尼山脉。

16 河谷(一)

山丘之间、山脉之间或者其他高地之间形成的空间被称为山谷,山谷最底部经常是河床,河床一般源于高地,多条小溪小河慢慢汇在一起形成河流,河流最终将流入海洋或者山谷低处的湖泊。

美国境内大部分河流都或多或少流经山谷,肯纳贝克河和佩诺布斯科特河占据了缅因州大部分的土地。在有些地方,河流宽达40英里,在有些地方,河流非常狭窄,两边的河岸几乎都要碰上了。

康涅狄格河河谷以其美丽的风景和肥沃的土地出名,河谷长约250英里,至于宽度,有些地方只有几根鱼竿那么宽,有些地方则宽达好几英里。在新罕布什尔州和佛蒙特州尤为狭窄,河岸两边立着高耸的山脉;在马萨诸塞州和康涅狄格州,河谷尤为宽广,拥有大片的草场以及波浪般起伏的山地。

每年三四月份,由于山上积雪融化,河谷中有时候会出现河水暴涨的情况,也就是洪水泛滥。融化的雪水毫无征兆地从山坡上涌下来,一起汇入河流。

河水迅速上涨,没过河岸,汹涌地往前冲,所到之处所有东西都被一扫而光。有时候,洪水会将桥梁冲断,水闸也被冲得支离破碎,其他的意外也常有发生。

虽然河谷受洪水肆虐,但是洪水还是给河谷带来了大量肥沃的泥土。有时候河水上涨过高,河流两岸2英里的地方都被洪水淹没,洪水过后,农民就不用再给肥沃的土壤施肥了。康涅狄格河河谷和尼罗河河谷每年洪水泛滥的情况非常相似，唯一不同的地方就是在康涅狄格河河谷洪水泛滥的规模相对较小。

如果你有机会在五月份到十月份之间游览这个著名的河谷，你肯定会因为所看到的美景而欣喜若狂。在有些地方，你可以走上好几英里路，欣赏沿途的美景。

在你的脚边，你可以欣赏到清澈见底的康涅狄格河水。往远处一点看，可以看到山脉突然从河谷中升起，山顶向外突出，就像一个巨人在上空看着底下的旅行者一般。再往另一个方向望过去，可以看到大片延展的土地，如海洋般广阔，一直到几英里外的地方。

在有些地方，你会发现河谷非常狭窄，山脉就矗立在河岸两边。你可以想象，在很久以前，河流两边的山脉几乎是连在一起的，但由于河流日复一日年复一年的冲刷磨损，这些山脉才被分离了。

河谷拥有秀美的自然风光，各种美景应接不暇，连绵不绝的山脉又是各种各样的形状。河谷的不同地方形态不一，而且在不断变化，给旅行者们带来了许多惊喜。除此之外，河谷中丰富多样的树木、灌木丛等植被作为点缀，让整个河谷变得更加秀美。

河谷的美景是大自然的赠予，千百年来一直如此。在白种人占领这片土地之前，不难想象，这里应该是当地猎人最喜欢的捕猎之处了。这里有大量的野鹿、猞猁、狼、熊、野火鸡以及鹧鸪等各种各样的野生动物，而清澈见底的河流中,随处可见肥美的鲱鱼、鲑鱼以及其他鱼类。

在过去,这座河谷对印第安人来说肯定极具魅力,但是现在很多地方都发生了变化。森林被滥砍滥伐,土地变成了耕地,河谷深处遍布村庄和小镇。康涅狄格河河谷就位于怀特山脉和格林山脉之间。

哈得孙河河谷在不同的地方也是形态不一,有的地方只有几根鱼竿连起来那么宽,但有的地方却能达到40英里的宽度。村落一般在高于河流好几英尺的地方。河谷中最狭窄的地方被称为高地,以其宏伟和壮观著称。

哈得孙河河谷

胡萨托尼克河河谷呈现出非常独特的景色,在这里我就不多说了;莫霍克河谷位于群山之中,在不同的地方呈现出不同的形态,在接近河流源头的地方,有一片广阔肥沃的土地。

萨斯奎汉纳河及其支流的河谷形态各异,河流流经阿巴拉契亚山脉,有时候流经的河谷宽达五六十英里,有时候河流从山脊流过。宾夕法尼亚州的河谷宽达二三十英里,周围大多是丘陵或破碎的山石。

17 河谷(二)

我还可以介绍很多其他的河谷,但是在这本篇幅有限的书里,我觉得就没有必要了。不过,我还是要向你们介绍世界上最重要的河流之一——密西西比河河谷的壮美景象。密西西比河河谷位于两座山脉之间,东边是阿巴拉契亚山脉,西边是落基山脉,南边是墨西哥湾,北边是五大湖。

密西西比河河谷占地面积很大。不过,其中大部分地区由于水资源匮乏,土地非常贫瘠。

如果你觉得整片河谷都是同样的景象,那你就错了。密西西比河主干及其众多支流流经形态各异的山丘、平原和大草原。有些地区土壤非常肥沃,但也有一些地区荒凉贫瘠,到处都是石头。

如果你有机会游览密西西比河河谷,你肯定会因为所看到的壮美景观而震惊,一切的美景似乎都是大自然早就安排好的。作为地球上最重要的河流之一,密西西比河在有些河段,水流湍急,但在很多河段,正如我前面提到的,水资源非常匮乏。

密西西比河的名字来源于印第安人的说法,作为"河流之父",密西西比河与其流经的河谷相得益彰,河流从加拿大气候寒冷的地区延伸到热带的酷热之地,从东部俄亥俄河的源头延伸到西部的密苏里河。

在密西西比河流经的西部地区,人们似乎也在尽量与大自然和谐相处。在密西西比河上,你可以看到人们修建好的几艘大汽艇;在路易斯维尔和新奥尔良之间也有一些大船。到目前为止,这里是世界上最长的河流航线,航程超过2000英里。

在密西西比河河谷,你可以看到众多小镇、城市和村庄,有一些发展非常迅速,而且数量越来越多。虽然它们大多数现在还是处于初级发展阶段,但是再过几年可能就会被列入世界著名城市名单之中了。

18 河谷总论

我在前面已经提到过,密西西比河河谷是世界上最广阔的河谷之一,不过,位于南美洲的亚马孙河河谷比密西西比河河谷更为广阔。

东部大陆所有重要的河流都有各自的河谷,而且在这些地区,河谷都是土地最为肥沃的地方,通常也是最早有人定居,人口最为密集的地区。

非洲的尼罗河河谷也是一个非常著名的河谷。每一年,尼罗河河水泛滥的同时,也带来了肥沃的土壤,因此那里也成了人口最密集的地方之一。

这片地区在很久以前曾经出现过煊赫一时的城市,现在,这些城市的遗迹依然存在,它们所留下的丰功伟业是值得后世纪念的。

在亚洲,比较著名的河谷之一是幼发拉底河河谷,虽然面积不大,但那是古老文明的起源地,多个伟大的国家在幼发拉底河河谷诞生,创下辉煌历史,最后衰败。

欧洲地区拥有众多著名的河谷,但是面积都不大,其中最出名的是莱茵河河谷,在很多方面,莱茵河河谷和康涅狄格河河谷非常相似。

莱茵河流经阿尔卑斯山脉众多的河谷,随着河流从山脉流过,河谷越来越宽,土地也变得越来越肥沃。有时候,河流还是会流经狭窄的河谷,但很快,宽广的河谷又重新出现,如同一望无际的海洋般广阔。

如果你有机会游览莱茵河河谷,所到之处,你会看到肥沃的耕地、丰富的粮食、赏心悦目的花园,以及繁茂的葡萄园,赞美之情油然而生。

除此之外,你还能看到山上古老的塔楼和城堡遗迹,远处星星点点的村庄,以及分布在河边繁荣的城市,这一切肯定会让你感到震惊。

19 大草原、平原和沙漠

在地球上的很多地方,很多广阔的平原都缺乏高大的树木。在美国西部地区,这些缺乏树木的平原被称为大草原;在美国南部地区,它们被称为萨瓦那;在南美洲,这些平原被称为潘帕斯;在亚洲,这些平原被称为干草原;在欧洲,这些平原被称为荒野之地。美国西部拥有众多广阔的大草原,要花上好多天才能走完这片大草原。

一般来说,这些平原,也就是大草原都不会是完全平坦的,也有起伏崎岖的地方,就像经历了风暴以后的海面一样。因此，当旅行者来到大草原的时候，往远处看似乎是一马平川，但是走近了之后才发现周围的地面是崎岖不平的，而且大草原上常常连一棵树、一座丘陵或一座山都没有，远远望去，大草原似乎一直延伸到天边。走在大草原上，感觉就像走在海洋深处一般。

西部地区的大草原类型各异，有些土地比较肥沃，有些土地比较贫瘠，还有些甚至连任何植被都没有，是一片广阔的沙漠。这些大草原海拔也是不一样的，在密西西比河流域附近，大草原海拔较低，而且土地较为肥沃，生长着繁茂的牧草。

距离河流较远的地方大草原海拔比较高，而且越接近落基山脉，海拔越高，部分地方海拔高达8000英尺。

西部的大草原是众多野生动物的栖息地，有时候，成群的野牛或野鹿可能会出现在草原上觅食，不过，不管是野牛还是野鹿，都不可能安静地享用美食而不受干扰。白种人在此建立城镇之前，不管是寻觅猎物的猎人、焦躁不安的印第安人，还是饥肠辘辘的狼群，为了争夺草原上的猎物，都不得不进行一番搏斗。

当欧洲人第一次到达美国的时候，所见之处都覆盖着树木，因此，欧洲人以为所有的地方都有繁茂的森林。但是，当他们到达大草原的时候，他们发现了青草繁茂、鲜花绽放的天然牧场，这让他们感到非常惊喜！

常常有人有这样的疑问：为什么这些大草原都没有树

木生长呢？这是因为大草原天然的土壤比较适合牧草的生长。到了夏末和秋天的时候，成片的牧草会变得干枯，这时候，要么是意外，要么是人为，每一年枯萎的牧草都会被燃烧殆尽。

即便在夏天的时候有树苗生长，但是每年一次的燃烧让树苗的进一步生长成为一件不可能的事情。不过，燃烧枯草之后，土地变得更加肥沃，来年的牧草就会长得更繁茂。这才是为什么许多土壤肥沃的大草原连一棵树都无法生存的原因吧。如果大草原是在河岸边或者其他有充足水分的地方，能够让牧草在干燥的夏天和秋天保持常绿的话，牧草就不会被燃烧，树木也就能够苗壮地生长了。

因此，河流附近常常能找到森林，即便是在大草原上。许多平原之所以没有繁茂的森林，是因为那里的土壤不适合树木的生长，土壤过于贫瘠和多沙，无法给树木提供足够的营养。

在白种人到达这里之前，每一年的草场燃烧都是由印第安人来执行的。燃烧经常发生在夜晚，场面非常壮观。火焰从草原各个方向开始燃起，迅速蔓延到其他地方，如同暴风雨一般发出噼里啪啦的声响。草原上的动物早已有所察觉，在大火蔓延之前就已经逃离这片地方。

我已经介绍了美国大草原的一些情况，不过，如果你想真正了解它们，最好还是亲自去看看这些大草原。你会发现，整个伊利诺伊州就是一片大草原，印第安纳州、密苏里州、阿肯色州以及路易斯安那州也都能看到广阔的大草原。

在南美洲的大部分地区，也有广阔的大平原，被称为潘帕斯。有些大草原长度超过1000英里，草原上零星生长着低矮的棕榈树小树林，不过大部分的草原上除了野草之外，没有其他植被。多雨的季节，野草生长迅速，草原上很快就出现了大片肥沃的牧草，成为成群的野牛、野马和野驴的美餐。

牧草生长得很高，足以将动物淹没其中。不过很快干燥的季节来临，天气也变得极其炎热，牧草开始枯萎，除了极少数能耐得住酷暑和干燥的植被以外，其他的植物都干枯了。基本上没有什么树木能够撑得过酷暑的煎熬，因此，草原差不多变成光秃秃的一片，只有等到下一场雨的降临，干枯的牧草才能重新生长出来。

在亚洲，干草原通常都是沙地平原，除了少数的灌木丛，基本上没有什么树木和植被。一些地区的干草原会覆盖一层薄薄的盐，其他地区则与美国西部的牧草生长的草原差不多，成为游牧民族的重要草场和牧场。

在印度，平原一般都被丛林覆盖，这些地方生长着茂密旺盛的植被，包括大小不一、形态各异的多刺植物。几个月就能生长到6英尺高的藤类植物以及各种藤蔓植物和灌木丛，密集生长常常挤成一团，形成牢不可破的天然屏障，即便是军队也难以突破它们。

一些国家拥有广阔的沙漠平原。在美洲西部的落基山脉山脚下就有一片宽300～400英里,长度超过1000英里的大沙漠,也被称为美洲大沙漠。

不过,在这片沙漠地区,有些地方还是有植被生长的,但有些地方就全是贫瘠的沙地和荒地。位于南美洲西部地区的阿塔卡玛沙漠就真的是一片名副其实的沙漠。这片沙漠宽约55英里,长约300英里。据说沙漠中没有任何植被,也没有任何生物,甚至连一只昆虫都找不到。在密西西比河和落基山脉之间也有一片大沙漠,这片地区我在前面也隐约有提到。

在非洲地区,有好几个广阔的沙漠,撒哈拉沙漠就是其中一个。撒哈拉沙漠长达2000英里,是世界上最大的沙漠,它就像一片沙漠海洋,只有骆驼才能穿过这片沙漠。在沙漠中有几处地方有泉水,这些地方通常生长着青翠的植被,也被称为绿洲。在荒凉危险的沙漠地区,绿洲对于又累又渴的旅行者来说,简直就是他们的救命场所。除此之外,这些绿洲通常也是沙漠中阿拉伯人的部落常去的地方。

在亚洲西部也有好几个大沙漠,其中最出名的一个位于阿拉伯半岛,当时以色列人从埃及走到迦南40年的旅程中,就经过这片沙漠。再往东一点,位于亚洲的戈壁沙漠面积广阔,几乎完全不见植被。这在亚洲的沙漠中是不常见的。

20 河 流

别致的河景

　　河流被认为是重要的水体,一般源于高地,随后流入其他的河流、湖泊或海洋。它们流经最美丽的自然景观,本身就是一道亮丽的风景线,此外,它们的用途也非常重要。

　　如果你仔细查看地图,就会发现北美洲的河流被分成四组。第一组河流发源于阿巴拉契亚山脉的山脊,河水往东南方向流淌,最终流入大西洋。第二组河流也是发源于阿巴拉契亚山脉,只不过往西边流入密西西比河。第三组河流发源于落基山脉,往东流入密西西比河。第四组河流也是发源于落基山脉,往西流入太平洋。

我下面会简单介绍一下这几组河流中的重要河流,至于它们具体的航程和情况,你可以从地图上找到相关信息。

在所有流入大西洋的河流当中,以下这些河流是比较重要的:佩诺布斯科特河,长达250英里;肯纳贝克河,200英里;梅里马克河,约140英里;康涅狄格河,400英里;哈得孙河,300英里;莫霍克河,140英里;特拉华河,365英里;萨斯奎汉纳河,450英里;波托马克河,500英里;詹姆斯河,350英里;罗阿诺克河,400英里;纽斯河,350英里;开普菲尔河,300英里;大皮迪河,350英里;桑蒂河,350英里;萨凡纳河,350英里;奥尔塔马霍河,400英里。

由此可见,流入大西洋的河流中,最长的是波托马克河,紧接着是萨斯奎汉纳河、罗阿诺克河和奥尔塔马霍河。在这些河流当中,没有一条河流的长度超过500英里。

我们来仔细看下从阿巴拉契亚山往西流入密西西比河的河流。在匹兹堡,一共有两条河流,分别是莫农格希拉河和阿勒格尼河,两条河流交汇形成俄亥俄河,从俄亥俄河到密西西比河入口,全程大约1033英里,如果加上莫农格希拉河河段,全程则为1250英里。

在俄亥俄河流向密西西比河的途中,有好几条支流汇入俄亥俄河,包括坎伯兰河,600英里;田纳西河,1200英里；以及卡诺瓦河，300英里。亚祖河全长250英里，最终流入密西西比河。

我们再来看看从落基山脉流入密西西比河的河流。首先是密苏里河，全长约3000英里，最终汇入密西西比河。其间有多条支流汇入密苏里河，包括黄石河，长约1800英里；普拉塔河，2000英里；堪萨斯河，1200英里，以及其他更小的支流。

除了密苏里河及其支流，流入密西西比河的还有从西往东流的阿肯色河，长达2000英里；雷德河，长达1500英里。密西西比河本身发源于美国北部的高原地区，在与密苏里河汇合之前，沿途还有圣彼得河以及伊利诺斯河流入。密西西比河从源头到流入墨西哥湾，全长约3000英里，密苏里河在圣路易斯小镇下面不远的地方与其汇合，从源头到这里约2700英里。从这里开始，河流的宽度和水量至少增加了一倍，再经过1300~1400英里，最终流入海洋。

如果我们暂时将密苏里河和密西西比河进行比较的话，两条河流的长度似乎差不多，因为正如我们看到的，密西西比河和密苏里河发源地不同，从各自的源头到汇合点，河流长度都是2700英里。这两条河流支流众多，多条河流汇入其中，每条河流长度都超过1000英里，最终流入海洋的水量可能相当于欧洲全部河流水量的1/3。

落基山脉西部唯一一条较长的河流是哥伦比亚河，也就是俄勒冈河及其支流。该河流发源地非常靠近密苏里河的发源地,不过这两条河流流淌的方向相反,最终流入不同的海洋。密苏里河河流长度达3007英里,随后汇入密西西比河,最终流入墨西哥湾;而哥伦比亚河,也就是俄勒冈河全程1200英里,最终流入太平洋。

21 河流总论

　　河流是大自然最让人赏心悦目、最有用的杰作。即便我们不考虑河流为我们提供的便利,面对河流两岸青翠繁茂的景象,也不可能有人无动于衷。微波粼粼的水面、迂回盘旋的漩涡、蜿蜒曲折的河道常常吸引人们的眼球,让人们的心情变得兴奋愉悦。

　　不过,当我们以一个更为宽广的角度来看待河流时,我们会看到,河流对河岸的冲刷给两岸带来了肥沃的土壤;河流给商业带来众多的便利,河流为不同州和城市人们的交往提供了交通方式。

　　我们来想象一下,如果我们在哈得孙河河岸待上一天,我们能看到多少的蒸汽船、单桅帆船和纵帆船从我们眼前来来往往啊!这些船有的载着乘客,有的载着各种各样的商品,有的载着小麦、玉米、燕麦以及其他农产品。

　　有了哈得孙河,纽约州众多城市和哈得孙河边的小镇之间的交往变得多么简单啊！现在我们来设想一下，如果这条河流不存在，纽约州各城市和哈得孙河岸边的特洛伊、奥尔巴尼以及其他小镇该怎么进行贸易啊？情况肯定变得很不一样，这些繁荣的城市，如果没有了商业贸易，肯定会慢慢衰退，最后甚至有可能会消逝！

河流使海岸边的城市和内陆城市的交往变得便利，且成本较低。这促进了商业的发展，也因此产生了众多的城市，城市数量不断增加，城市发展得越来越好，最终成为繁荣的大都市。如果没有了河流，也就没有商业的发展，这些以商业为生的城市也就不可避免地会消亡。

因此，我们可以看到，仅仅是对人类来说，河流带来的好处已经十分巨大。如果你仔细观察美国的地图，你就可以看到河流在地图上的分布情况，并看到海岸地区和内陆之间的交往因为有了河流而变得多么简单。

如果你把美国和其他任何一个国家相比较，你就会发现，美国的内河航道比其他任何一个国家都要发达得多。在地图上，你会发现，从缅因州到佛罗里达州，在阿巴拉契亚山脉和大西洋之间，几乎每一个地方都有河流穿过。

在这些河流入海口的附近，通常可以看到大海港——负责与内陆地区以及国外之间的贸易往来。在河流发源的内陆地区，距离海口几百甚至几千英里的地方，船只将各种农产品带到市场售卖，也从其他地方带回了大量生活用品和奢侈品。

我们将眼光转移到密西西比河的大河谷中,看看河流流经的地区,想象成千上万的蒸汽船经过不同的河道:其中一些装载着农产品,沿着河道开往新奥尔良;另一些与潮汐对抗着,将大量的商品带到各大城市和众多小镇上去。根据这些情况,我们也能够大概想象到地球上其他地方的河道航行情况了。

如果我们把注意力转移到美国以外的其他地方,我们就会发现,南美洲最大的河流是亚马孙河,河流全程长达4000英里,其支流分布在世界上最大的山谷之中,而且据说,这条河流流入海洋的水量比欧洲所有河流水量总和还多。

22 大瀑布和小瀑布

当河流遇上大块岩石,河水从高处骤然落下,形成壮美的大自然景观——大小不一的瀑布。其中,世界上最著名的瀑布便是尼亚加拉大瀑布了。

从五大湖之一的伊利湖东部开始,湖水涌出形成了尼亚加拉河,河水很深,河宽约0.75英里,水流湍急,但一路顺畅往前流淌数英里。随后,地势骤然下降,河流也随着变得愈加湍急,不断冲击着河床底下的岩石。

最后,这片激流来到一处高达150英尺高的悬崖边上，这是一座由石头堆积形成的巨大墙面，垂直矗立着。河水从悬崖边上往下坠落，很快就被中间的山羊岛分成两边，冲向悬崖底部，猛烈撞击上底下的岩石，激起千层泡沫，形成一片云雾。如果这时候太阳刚好照射到这片云雾，还有机会看到七色彩虹。

瀑布的声响如同连续不断的打雷声，有时候连40英里外的地方都能听得到。尼亚加拉大瀑布这一名字来源于印第安人的易洛魁语，据说象征着水域的雷声。

这是最著名的大瀑布了，毫无疑问，尼亚加拉大瀑布是地球上最高耸壮观的瀑布。虽然地球上还有其他更为陡峭的瀑布，但是就水量而言，没有一处能比得上尼亚加拉大瀑布。

如果有机会，我还真想讲一讲关于尼亚加拉大瀑布的故事。有时候，野牛、鹿、熊或其他动物会掉进水流中，从悬崖边上摔下去。几年前，一些粗暴的经验主义者将一艘船从伊利湖开始起航，经过瀑布的时候，船直接冲向瀑布下方。

在抵达瀑布下方的时候，船也变成了碎片，当时在船上有一只狐狸、一头熊，还有其他动物。所有的动物都被淹没在巨大的水花泡沫中，过了好一会儿才浮出水面，慢慢游向岸边，逃离危险。对于这次不友好的旅程，它们可不想再经历一次，于是，所有的动物头也不回地迅速跑了。

不久前，有一些游客站在大瀑布附近欣赏美景，一个印第安人走向他们,对他们说如果游客们可以给他一瓶朗姆酒的话,他愿意跳进河里,在距离大瀑布很近的危险地带游泳。游客们同意了,印第安人拿了酒,跳进水里。在接近悬崖边的时候,印第安人转身准备游向岸边,但是河流突然变得湍急,他根本没办法游向岸边。他知道自己肯定会被水流冲下瀑布,所以表现出一副听天由命的样子,尽力将身体抬出水面,并将酒瓶送进嘴里,始终保持姿势不变,直到被水流冲下瀑布,消失在游客们的视野中。

密苏里河大瀑布非常壮观,在落基山脉往东 60 英里的地方,河流穿过两边垂直高耸的岩石,从高达 90 英尺的悬崖边上落下,悬崖一边岩石比较平滑,水流直接往下坠落,另一边由各种不规则的岩石构成,水流落下的时候,激起千层泡沫,呈现各种各样的形状。

在距离密西西比河河口超过 2000 英里的地方,河流从岩石上流淌而过,形成了圣安东尼瀑布,瀑布位于威斯康星州,水流先是从 16 英尺高的悬崖边上坠落,随后又经过一处高达 58 英尺的悬崖,形成壮观的瀑布景观。

来过这里的旅行者,无一不赞美这壮丽的大自然景观。他们说,印第安人给他们讲了一个故事:一位年轻的印第安酋长和他的妻子非常相爱,他们有两个孩子,一直生活得很幸福,直到有一天,这位酋长娶了另一位妻子。

从那时候开始,第一位妻子变得郁郁寡欢,最后她带着两个孩子离开了丈夫。她带着孩子们回到娘家,就在距离不是很远的地方,在那里生活了好几个月。直到有一天,她带着两个孩子,一起往河流上游的方向走,一直到瀑布的上方。

她和孩子们一起坐上一艘独木舟,随着湍急的水流往前,在靠近瀑布的时候,她唱起了死亡之歌。独木舟前进的速度越来越快,到达瀑布顶端的时候,独木舟像箭一般往下射出,那可怜的母亲和她的孩子们一起消失了。

后来,印第安人常常说,他们在瀑布水流的奔腾中听到这位母亲悲凉的哀哭声,有时候也会看到她的身影出现在激起的泡沫里。

我还听说过另一个不一样的结局,而且更加悲壮可怜。由于对爱情的不忠,那位印第安酋长不得不承受这永无休止的痛苦。

在距离纽约州的城市罗切斯特大约半英里的地方,杰纳西河经过90英尺高的瀑布。此外,这条河流还经过好几处瀑布,在尤蒂卡以北14英里的地方,是由西加拿大溪流形成的托伦顿瀑布,包括许多急流、大小不一的瀑布,呈现出各种不同的美景。许多人来这个地方游玩,是出于好奇,想了解这里发生过一些意外事件。

几年前,一位年轻的女子站在瀑布悬崖边上,看着脚下奔腾的水流,一不小心脚底一滑,女子就被卷进瀑布里了。之后,有一个小孩子从悬崖边上摔下去,因此丧命了。类似这种事故,在瑞士、威尔士、苏格兰和其他拥有众多瀑布的多山的地方也是很常见的。因此，如果我们要欣赏瀑布的美景，一定要多加小心。

在这本书里，我没办法详细介绍美国所有的大瀑布，只能大概地说一下。在距离萨拉托加北部18英里的地方，格伦瀑布就位于哈得孙河之上；同一条河流往上走，距离格伦瀑布几英里的地方，有另一处瀑布，叫杰瑟普瀑布；在奥尔巴尼北部不远的地方，莫霍克河形成了科霍斯瀑布；在哈得孙城市附近还有一处克拉弗拉克瀑布，所有这些瀑布都成了大自然壮美的景观。

在新罕布什尔州距离沃波尔北部5英里的地方，贝洛斯瀑布位于康涅狄格河之上；在康涅狄格州西北部，有一处胡萨托尼克瀑布；在新泽西州佩特森，帕赛伊克瀑布也是非常有名的，常常有游客慕名而来。除此之外，美国境内还有许多著名的大瀑布。

在纽约州，卡茨基尔山脉的瀑布非常有趣，也吸引很多游客前来。瀑布是由一条小溪流卡特茨基尔河形成的，其中一处瀑布高度为300英尺，从不远处看过去，就像一条银色的缎带在空中翩翩起舞。

在其他国家也有许多著名的瀑布，不过大多数以瀑布的高度而不是水量著称。位于南美洲新格勒纳德的特肯达马瀑布是世界上最高的瀑布之一，河流水量虽然不大，但是河流经过高达580英尺的悬崖，形成壮观的瀑布景观。在欧洲，有名的瀑布有位于比利牛斯山脉的加瓦尔尼瀑布,高达1300英尺;挪威的福格尔瀑布,高达1000英尺;瑞士的施淘河瀑布,高达900英尺;苏格兰的霍姆斯瀑布,高达800英尺;意大利的特尔尼瀑布,高达300英尺。后面的好几处瀑布都是人工瀑布。

在远古时候,人们讨论的最多的是非洲的尼罗河瀑布,不过,实际上该瀑布的高度只有12英尺。在亚洲,最重要的瀑布是加利斯帕瀑布,高度为1000英尺。除此之外还有众多景色壮美的瀑布,不过大多数瀑布并不高。

23 湖 泊

别致的湖景

湖泊是成片的水域,周围由陆地环绕着。大部分湖泊是淡水湖,不过在亚洲,也有一些大湖泊是咸水湖。位于美国北部界线的五大湖[1],部分位于美国境内,部分位于英属美洲境内[2],五大湖是世界上重要的湖泊,尤其值得我们关注。

苏必利尔湖是世界上最大的淡水湖,长约400英里,周长约1200英里,岸边全是石头,湖底也铺满了各种岩石。湖中鱼类繁多,其中有一种鱼肥美硕大,被称为白鱼,重达50磅[3],这也成为附近地区重要的食物来源。

有40多条河流流入苏必利尔湖,但只能从一个出口流出,进入休伦湖,随后,水流抵达尼亚加拉大瀑布,形成壮美的瀑布景观,最后流向海洋。

苏必利尔湖湖中有五个岛屿,其中一个长达100英里,还有一个被称为黄沙岛,以岸边金黄的沙子出名。印第安人相信这是黄金沙子,但是在他们看来,这些沙子是神灵的东西,是不能带走的。

他们认为,为了防止有人把黄金沙子带走,巨蛇、苍鹰和其他猛禽都筑巢居住在附近,随时准备攻击胆敢违背神灵指令的人。

苏必利尔湖的湖水经过圣玛丽湖峡流入休伦湖,密歇根湖的湖水经过麦基诺水道流入休伦湖。休伦湖周长约1000英里,湖泊大小和苏必利尔湖差不多。湖中有一个岛屿,长约100英里,宽只有8英里。印第安人认为,岛屿上

[1]即苏必利尔湖、密歇根湖、休伦湖、伊利湖、安大略湖。

[2]即加拿大南部地区。1670年英国占领纽芬兰岛,宣布对哈得孙湾及其周围地区拥有主权和贸易垄断权,并逐渐扩大其殖民地范围。1763年英法七年战争后,签订《巴黎和约》,加拿大成为英国殖民地。第一次世界大战后,英国调整了原英帝国其他成员的关系。1931年英联邦正式形成,加拿大作为其成员国,也正式独立。

[3]1磅约为0.45千克。

住着神灵，因此，他们认为这是一个神圣的地方。

密歇根湖和苏必利尔湖一样长，但是宽度却不及苏必利尔湖，只有苏必利尔湖一半多一点。不过，湖泊深不可测，现在也没有测量出确切的深度[1]，整个密歇根湖完全位于美国境内[2]。

圣克莱尔湖位于休伦湖和伊利湖之间，周长约90英里，苏必利尔湖、密歇根湖以及休伦湖的湖水都流入圣克莱尔湖中，再流经底特律河，进入伊利湖，在这里，大轮船也能安然无恙地经过。

伊利湖汇集了上游河流的河水，水流流出伊利湖之后进入尼亚加拉河，再流入安大略湖。伊利湖长约280英里，宽40～70英里，可供大量船只和几艘蒸汽轮船航行。湖泊最西边拥有许多岛屿，其中有的岛屿面积达2000英亩[3]。岛屿土壤肥沃，但是有众多毒蛇出没，因此，并没有多少人居住在岛上，不过到后来，一些岛上也出现了居民。

安大略湖长约200英里，宽约40英里，据说湖深500英尺，湖里鱼类繁多，有足够的空间供鱼生存。

除了位于美国北部边界的各大内陆湖泊，我还将介绍美国境内的一些湖泊，比如位于纽约州和佛蒙特州之间的尚普兰湖。这片水域非常有趣，长约120英里，各个地方宽度不一。其中一个湖上岛屿被称为南英雄岛，岛上大约有700位居民。这个湖泊经常出现航行的蒸汽轮船，由于荒凉而美丽的岛屿及湖边高耸独特的丘陵和山脉点缀，整

[1] 湖泊深度由此向南渐减，平均深度约85米，最深处达281米。

[2] 其他四湖均跨美国和加拿大两国。

[3] 1英亩约为4047平方米。

尚普兰湖

个湖泊变得更加别致迷人。

　　乔治湖位于纽约州东北部，即便长途跋涉五百多英里去看看也是非常值得的。湖泊长约 36 英里，宽 2～4 英里。湖水非常清澈，有时候甚至可以看到水下 12 英尺的鱼。湖上有众多岛屿，你可能不相信，但是据说一共有 365 座岛屿，就和一年的天数一样。

　　除了乔治湖以外，纽约州还拥有其他以美景著称的湖泊，只不过都不如乔治湖出名。奥奈达湖长约 20 英里，以湖里鱼类的质量和鲜美而出名。在夜晚的时候，渔民们撑着独木舟出现在湖上，手里拿着发出亮光的手电筒，有时候可以看到成群的鱼跳出水面，场面非常壮观，这也是渔民们捕捉鱼的好时机。

在纽约州，面积更小的湖泊还包括奥农多加湖、斯卡尼阿特勒斯湖、奥瓦斯科湖、卡南代瓜湖、奥齐戈湖、奥斯威加奇湖、克罗斯湖、赫姆洛克湖、罕亚加湖、加尼萨斯湖、克鲁克德湖以及肖托夸湖。

新罕布什尔州有许多风景秀美的湖泊，其中最大的湖泊是位于新罕布什尔州中心附近的温尼珀索基湖，以其清澈的湖水和美丽的湖岸出名。安贝戈格湖的面积仅小于温尼珀索基湖，湖泊一部分位于缅因州。新罕布什尔州的湖泊还有奥西皮湖、桑纳皮湖、斯夸姆湖和纽芬德湖。除了纽芬德湖，其他湖泊的名称都是来自印第安语言中的阿尔冈琴语系。

缅因州也有好几个大湖泊和许多小湖泊，穆斯黑德湖是该州最大的湖泊。除此之外，新英格兰地区还有锡贝戈湖、奇森库克湖、门弗雷梅戈格湖和威洛比湖等大湖及很多面积较小的湖泊，大部分景色非常秀美。因为面积小，有些湖也被称为池塘。

在密西西比河源头附近有好几个湖泊，不过这几个湖泊面积都不大。在路易斯安那州有马里波湖和庞恰特雷恩湖，前者是一个圆形的湖泊，长约14英里，后者长约40英里。

如果我们将美国的湖泊和其他国家的湖泊进行对比，我们就会发现，美国的湖泊要大得多。如图所示，1代表苏必利尔湖,面积35000平方英里;2代表乍得湖,面积14000平方英里,非洲最大的湖泊;3代表贝加尔湖,面积9000平方英里,亚洲最大的湖泊(除了咸水湖里海,长达646英里);4代表拉多加湖,面积6350平方英里,欧洲最大的湖泊;5代表的的喀喀湖,南美洲最大的湖泊,面积3400平方英里。

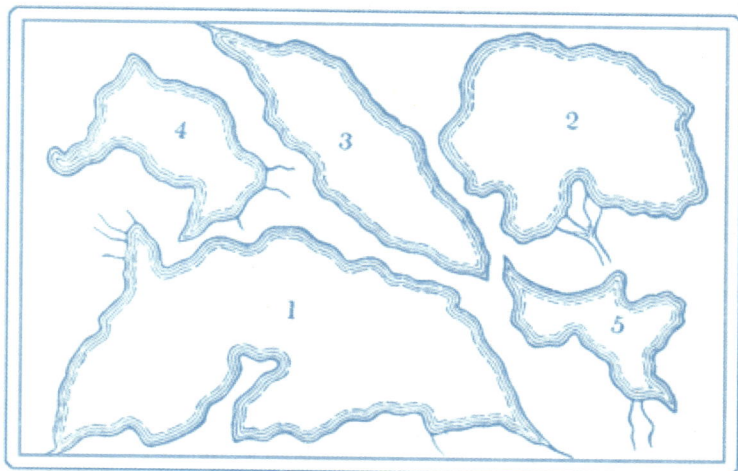

　　英国和意大利拥有许许多多风景秀美的湖泊,但是这些湖泊的面积并不比池塘大。瑞士拥有好几个著名的湖泊,最美的一个位于日内瓦[1],长约45英里,宽约10英里。湖边城市环绕,阿尔卑斯山脉白雪皑皑的顶峰和汝拉山的山顶倒映在清澈湛蓝的湖面上,这个湖无疑是欧洲最有趣的湖泊了。

[1]即日内瓦湖。

24 泉（一）

泉水是从地球底部喷出来的,有的只有水,有的夹杂着盐分,还有的夹杂着铁、硫黄或其他金属物质。夹杂着金属物质的泉也被称为矿泉。除了矿泉之外,还有火泉和温泉等。

美国境内有许多盐泉,有些盐泉是天然的,不过一般情况下盐泉是人类在盐分多的地方挖出来的,比如盐沼、盐渍地或其他类似的地方。将盐水装在大桶里,把水分蒸发掉,剩下的就是盐了。

西方国家大部分的盐就是这样供应的。美国最大的盐工厂位于纽约州的萨莱纳,在奥尔巴尼以西130英里。盐水是通过挖井得来的,再加工生产盐。

如果你在美国,不管什么时候你吃一片面包或喝一口牛油,基本上都可以肯定你所享受的美味有一部分是来源于萨莱纳的盐工厂。在萨莱纳附近还有好几个大量生产盐的地方,不过在这里我就不多说了。

美国最出名的矿泉位于鲍尔斯顿和萨拉托加,这两个地方有好几个矿泉,虽然每个矿泉都不一样,但是它们对一些特定的疾病还是很有效果的。有一些矿泉在天气酷热的时候会散发出一股香浓的啤酒味,泉水从地表下面喷出来,无数人特地从大老远的地方赶过去,只为品尝一番。

基本上这些矿泉都包含石灰、苏打、氧化镁和铁元素。这些矿泉受到人们极大的追捧,每年都有两三个月,矿泉附近的酒店都住满了旅客,他们都是为了矿泉而来的,有的是为了健康,有的是为了品尝泉水,还有的是为了寻找志同道合、一起放松娱乐的同伴。

萨拉托加温泉

在纽约州的新黎巴嫩有一处著名的泉,发源于一块巨大的岩石。泉水温暖清澈,和空气一样空灵透明,以每分钟18桶的速度往外流。

宾夕法尼亚州的贝德福德温泉位于一个荒凉美丽的地方，也是游客们频繁光顾之地。弗吉尼亚州的硫黄温泉镇连续多年享誉盛名，成为很多病人和追赶时髦的人们放松的地方。有些人去泡温泉是为了去除疾病，有些人纯粹是为了放松。佛罗里达州也有好几个矿泉，除此之外，其他地方也有不少矿泉，不过我上面提到的这些都是非常有名的。

火泉一般是由易燃气体形成的一种奇特景观。纽约州有许多火泉，尤其在卡南代瓜湖附近地区。一般从土地或岩石缝隙里产生一种可燃气体，有时候气体会自燃，但有时候，只有出现火苗，气体才会燃烧。

即便地表覆盖着皑皑白雪，也可以用火把点燃火泉，你会看到蓝色的火光从石头缝里迸出，就像从雪地里冒出来的一样。

距离尼亚加拉大瀑布大概2英里的地方有一处火泉，很多游客慕名而去，就是为了一睹这一奇特的自然景象。在敦刻尔克的伊利湖附近就有许多能产生气体的沼泽地，这些气体被利用起来，通过管道输送给家庭使用。除此之外，这些气体还可以用来点亮路边的街道。

阿肯色州西南部拥有许多著名的温泉，大量沸腾的泉水从地表喷出。泉水清澈透明，但不包含任何矿物质。不过身患疾病的人们经常去那里泡温泉，再加上当地人们比较贫穷，生活较为节制，一些病人最终也会慢慢痊愈。

在弗吉尼亚州的格林瓦利,我们可以找到一些温泉,北卡罗来纳州也有一些,不过这些都不是很出名。

25 泉(二)

如果把注意力转移到其他国家,我们会找到各种各样的泉。英国拥有众多矿泉,其中最著名的位于巴斯、切尔滕纳姆和坦布里奇。每年到了特定季节,这些地方会有各种体弱多病的病人或奢侈放纵的游客蜂拥而至。

在法国、德国以及欧洲其他地方也有类似的泉,不过没有一个像萨拉托加的泉水一样甘甜美味、药用价值高。

在法国南部有一处泉的泉水,如果用火把点着,很快就会燃烧得很旺;在波斯巴库也有一处泉的泉水,表面上含有油类物质,很容易就被点着。

不过,世界上最出名的泉还得数冰岛的温泉。这些温泉非常不一样,有时候泉水流淌缓慢,有时候泉水又能喷到一两百英尺高的地方,每当这时候,我们就能看到泉水从地表喷涌而出,形成奇特的泡沫景观。

年轻的读者们,我本来还能再给你们讲更多关于泉水的故事,但是因为这本书的篇幅有限,我这里就不说了。如果有人想知道这些泉是怎么在地球内部形成的,是怎变成温泉的,又是怎么喷出地表的,那恐怕得去问比老彼得·帕利更聪明的人才行。

我只能这样说,一些人认为地球中心是一团燃烧得猛烈的火,因此才有了世界各地各种各样的温泉。不过这是不是真的也说不清楚,因为进入地球内部探索并不是一件容易的事情。

不过,无论这些泉是怎么形成的,它们对我们来说都有着巨大的用处。这些从山坡或谷底喷涌而出的泉水给动物和人类提供了甘甜可口的水源。

在天气酷热的季节,地球内部的泉水是清凉的,涌出的泉水瞬间给地上的生物带来清凉。泉水也能滋润受夏季阳光暴晒而枯萎的植物。此外,泉也是千万条小溪小河的源头,它们不断给河流供应水源,否则的话,河流有可能早就干涸了。

盐泉也具有非常大的用处,甚至在人类定居出现之前,盐泉就给野鹿和公牛提供了美味的泉水。这些动物和人类小孩一样,喜欢咸咸的味道,甚至会舔食含有盐分的地表。因此,在美国西部出现了大片盐渍地。至于盐泉对人类的益处,我想就不用我多说了吧。

矿泉、温泉对医治其他药物无法治愈的疾病来说是很有效果的。这似乎是上帝的恩赐,上帝在创造地球的时候,并没有忘记要为人类提供健康、治愈疾病。

26 洞 穴

　　人类忙于世界外部发生的事情,对于内部发生的事情却无心了解。不过,当我们来到一个黑洞,走进去,发现里面有拱桥、支柱,是一个装饰着闪闪发亮的宝石的宫殿。我们开始思考,认为这是大自然无声的杰作,但经历了几个世纪,最终却发现这并不是为了展示,仅仅是为了大自然自身。在看到这一切之后,我们忍不住去感受大自然的美丽神奇,她的众多作品还有待我们去挖掘。

　　美国较出名的洞穴之一位于弗吉尼亚州的罗金厄姆县,叫作麦迪逊洞穴。它位于一座陡峭崎岖的山上,入口很小,洞口上方挂着一块大石头,似乎随时要掉下来挡住洞口的样子。你一旦走进去,就会发现自己进入了一个高达

麦迪逊洞穴

25英尺,宽达15英尺的空间。再往前走是一条狭窄的小路,走过小路,就能够到达各个奇特的小空间。

其中最大的一个空间和波士顿的法尼尔厅一样宽敞。如果点上火把,整个空间都被照得非常明亮。墙上挂满了钟乳石,像冰柱一样闪闪发亮。在有些地方,石头从洞顶往下悬挂,看起来就像帷帐一般。

在罗金厄姆县还有另一个著名的洞穴,叫维耶尔洞,洞口狭窄难行,洞穴全长1.5英里,高度从3英尺到40英尺不等。里面有无数个大小不一的小洞穴,其中一些非常壮观华丽。

位于佐治亚州西北部的奇克莫加洞穴由一个长洞穴组成,人们的探索目前截止到洞穴内部3英里的地方。一条河流从洞穴流淌而过,最末端是一个大瀑布,可以看到水流汹涌下落的景象。至于河流在洞穴里的最终流向,我们暂时也不清楚,因为到目前为止,还没有人有勇气深入探险。

位于肯塔基州的猛犸洞穴也是非常值得一提的,入口是一个矿井,大约40英尺深。往前走大概6英里,你就会经过大小不一的洞穴,最后你将到达一个叫"主城市"的地方。一路上,你会看到有人在里面挖掘生产硝石。主城市包含一个房间,洞顶大约有8英亩大小,悬挂着一块高达100英尺的大石头,底下没有柱子支撑。

你觉得这个洞穴怎么样?难道你不想去看看吗?肯

定迫不及待了吧。不过,如果你真想去的话,记得要带上
足够的钱,还要做好思想准备,因为到那里之后,也许你就
不想往下走40英尺去看一个矿井,然后再在洞穴里面走
上6英里,最后只是为了去看一眼猛犸洞穴的主城市了。

　　不过,如果你真的进到洞穴里面的话,你就会发现我
讲的全部都是真的。你还会发现另一个房间,叫第二城
市,以及其他神奇的东西,绝对会超乎你的想象。

　　位于弗吉尼亚州的天然桥,
外形虽然和洞穴不一样,但是其
形成的原理是一样的。弗吉尼
亚州的天然桥是美国南部最奇
特的自然景观,就和美国南部的
尼亚加拉大瀑布一样。在这里,
大片的石灰岩底部出现一条极
深的缝隙,溪水从岩石底部流淌
而过。不过最上方的岩层依然
是完好无损的,形成了一座坚
固的天然桥。在南美洲也有相
似的自然地理景观,叫作伊孔翁
索桥。

　　在印第安纳州的南部,有一
个洞穴盛产泻盐、石灰岩、食盐、
硝酸钠土和其他有用的物质。

弗吉尼亚州的天然桥

虽然我并没有到过那里，不过我可以从其他人的说法中想象一下，其实它就和我们的超市、商场很像，不同的只是超市商场供应的是糖浆、面包、坚果和其他类似的东西。

美国境内还有许多其他的洞穴，一些以洞穴的宽广而出名，一些以洞穴的形态和独特景观而出名。印第安人对很多洞穴都非常熟悉，他们常常会将洞穴作为他们的埋葬之地。

在美国以外最著名的洞穴要数希腊安提帕罗斯岛上的人工洞穴了。这个洞穴相比于美国的洞穴要小得多，以其奇特的支柱以及支柱上的钟乳石而闻名。

位于苏格兰边界附近岛屿上的芬格尔山洞可能就是世界上最壮观的洞穴了吧。欧洲其他的地方还有别的洞穴，其中一些也非常出名。几个世纪以来，许多洞穴一直是野生动物的栖息之地，因为后来人们在洞穴里找到了狼、狐狸和其他动物的尸骨。

乍一看，洞穴好像没什么用处；但是我们不能先入为主这样想。洞穴为野生动物提供遮蔽之所，而且在社会刚开始发展的时候，人们还没有建造房子，洞穴是人类的安身之所。除此之外，如果有人被侵略者赶出家门，他们也经常能够在洞穴里找到安全的庇护场所。

洞穴也为人们提供了大量的硝酸盐。即便有的洞穴没有为人类提供有用的物质，但它们所提供的壮美景色，也足以给予我们精神上的愉悦。

27 岛 屿

岛屿是四周被水环绕的陆地。美国最大的岛屿是长岛[1]，长岛湾将其和美国大陆隔开，长岛最西边接近纽约，中间隔着宽约半英里的东河。长岛的总长为140英里，宽约10英里。

岛上的土壤主要是沙地，地表是绵延起伏的山丘。在西部地区有许多精致的果园，还有一些种植了优良小麦品种的农场。海边盛产肥美的牡蛎，小海湾里常常可以看到

[1] 美国现在最大的岛屿是夏威夷岛。

水中的岛屿

各种海鸟,茂盛的松树林里生活着野鹿和松鸡。冬天时,大批的鸟儿来到岛上过冬,因为这里不会有长时间的冰雪天气。

岛上有大量的城镇和村庄,居民们生活在与世隔绝的地方,身上有一股淳朴的气质。如果你有机会去那里旅游,你会发现,居民们都非常热情,也很愿意为你提供住所,带你骑马狩猎,给你提供渔具和鱼饵到海边钓鱼。如果你说要给他们钱,他们反而会不高兴。这样一个有趣的岛屿就位于纽约州。

曼哈顿岛长约15英里,宽约1.5英里,纽约位于这个岛上。岛屿西边流淌着北河,东边流淌着东河。

斯塔滕岛位于纽约海港港口,长约18英里,宽约8英里。斯塔滕岛是一个风景美丽的岛屿,岛上有许多精美的别墅。纽约的绅士们经常在夏天的时候来到这里度假。岛上可以看到绝美的风景。对于岛上的居民来说,南部是海洋和纽约港口,蒸汽船和其他船只来来往往;东部是各种有趣的东西和景观,他们百看不厌。这个岛屿也属于纽约州。

位于罗得岛州的罗得岛长约15英里,宽约2.5英里,是一个舒适的地方,土地肥沃,但树木稀少,从远处看,就像一个老头的秃顶一样。夏天的时候,这里的空气非常清新怡人。位于岛屿最南部的纽波特是美国众多游客夏天的避暑之地。距离罗得岛不远的科纳尼卡特岛长约8英里,宽约1英里。在罗得岛州上还有好几个岛屿,不过面积都相对较小。

在马萨诸塞州东南沿海地区有众多岛屿,其中最主要的是马撒葡萄园岛和楠塔基特岛。马撒葡萄园岛长约20英里,宽约10英里。岛上拥有许多美丽的农场,海里盛产各种鱼类。秋天的时候,各种海鸟在海面上翱翔,这里的人们生活非常舒适。

楠塔基特岛长约15英里,宽约11英里,距离大陆大约20英里。楠塔基特县位于岛屿西北部,岛上大约居住着一万人口。那里的人们将楠塔基特岛当作他们独有的世界,因此,人们生活得非常简单幸福。

许多人到海里抓捕鲸鱼,他们对抓捕鲸鱼非常了解。如果你有机会到他们家里去拜访他们,你就会发现,他们的表现非常自在,但是如果其他人也显得非常自在,他们反倒会变得有些焦虑。

位于梅里马克河河口的普拉姆岛和马撒葡萄园岛以及楠塔基特岛一样,也属于马萨诸塞州。普拉姆岛长约9英里,宽约1英里,盛产各种野生樱桃、葡萄和海滨李。肖尔斯岛距离新罕布什尔州海岸大约8英里,看起来不过是一群石头的堆积,但那里却是渔民们最喜欢的地方,因为在那附近,渔民们可以抓到大量质量上乘的鳕鱼。

缅因州海岸岛屿众多,景色秀美。其中面积最大的是芒特迪瑟特岛。不过它也就只有15英里长。北卡罗来纳州海岸拥有一系列低矮的沙岛,零星分布在海面上;南卡罗来纳州的南部也有类似的岛屿。这些岛上生产优质的棉花,此外,还有大片的橡树林,即便是在冬天,整个岛屿也是一片郁郁葱葱的景象。

在佐治亚州沿海有一些岛屿,也被称为海岛,那里盛产价值不菲的海岛棉。佛罗里达州海岸也分布着一些岛屿,其中有一个叫基韦斯特,现在已经变成一个军港了。尚德卢尔群岛位于路易斯安那州东部海岸,由大量的沙子堆积形成,岛上种植着大片松树林。

与世界上其他地区的岛屿相比,美国的岛屿显得小很多。欧洲最大的岛屿大不列颠岛长达600英里;非洲最大的岛屿马达加斯加长达900英里;亚洲最大的岛屿婆罗洲岛长达800英里。

28 海洋和海滨

美国东临大西洋,大西洋的宽度从1000英里到4000英里不等,不过就美国和欧洲之间相隔的大西洋来说,距离大约是3000英里。

这片海域中最值得注意的就数墨西哥湾暖流了,在距离美国海岸两三百英里的地方。这片暖流从墨西哥湾一直延伸到纽芬兰大浅滩,随后流向转向东部,最后慢慢减弱。

这片强大的暖流就像一条河流在海洋中流淌一般,暖流流经的地方海水比较暗淡,而且水温相比于周围其他海域来说要高出很多。这是由于赤道地区从东向西流淌的一片巨大涌流造成的,而这片涌流又是由于地球每天的自转以及天体间的相互吸引形成的。因此,这片来自气候炎热的地区涌向美国东部海岸的水流,水温比起同一片海洋的其他地方要高出许多。

美国西部边界受太平洋海水冲刷,从美国东海岸到西海岸,如果要走水路的话,只能通过合恩角。那是一个冗长乏味的通道,不过一些航海家为了捕捉鲸鱼常常要经过那里,最后到达距离美国西海岸不远的地方。

太平洋是世界上面积最大的海洋,从东到西横跨10000英里。1513年,葡萄牙航海家巴尔博厄发现了这片海洋;1915年,麦哲伦第一次横跨这片海洋,当时他觉得这是一片和平友好的海洋,因此赋予它"太平洋"的名字。

如果你在地图上仔细观察大西洋海岸,你就会发现海岸线非常不规律,有许多深深的缺口和黑点,许多还分布在海洋中。这些黑点叫作"角",我们有必要对它们特别关注。

安角和科德角位于马萨诸塞州,科德角非常狭长,在地图上看就像一个人的胳膊往里弯曲一样。开普梅位于新泽西州,就在特拉华湾河口;亨洛彭角也位于特拉华湾;亨利角和查尔斯角都位于切萨皮克湾。

哈特勒斯角位于北卡罗来纳州,几乎所有的船员对这个地方都非常熟悉。哈特勒斯角位于海洋中间,几英里外的地方有一个沙丘,那里的水很浅,非常接近墨西哥湾暖流,水流常常暗涌骚动。此外,大风暴的时常发生,使这个地方也变得更加危险。在这里,有许多做工精细的轮船失事,也有许多英勇的水手葬身此地。

位于北卡罗来纳州的菲尔角[1]和卢考特角[2]在水手之间名声并不好,从它们的名字也可以看出来了。佛罗里达角和塞布尔角位于佛罗里达州陆地的突出部分。也许有人认为整个佛罗里达州就是一个半岛,但实际上它是一片伸向海洋的狭长的土地。

闻名世界的海角合恩角位于南美洲的最南端。除此以外,比较出名的还有位于非洲南端的好望角,以及位于

[1]菲尔角 Cape Fear,"菲尔"意为恐惧、害怕。

[2]卢考特角Cape Lookout,"卢考特"意为注意、小心。

亚洲南端的科摩林角。

海湾是海洋的一部分,基本上被陆地包围。许多海湾拥有迷人的风景,同时还为船只提供庇护场所。

美国境内比较出名的海湾有位于缅因州的佩诺布斯科特湾和帕萨马科迪湾,位于马萨诸塞州的马萨诸塞湾、波士顿湾、巴泽兹湾、科德角湾和普利茅斯湾,位于罗得岛的纳拉甘西特湾,纽约湾,位于马里兰州和弗吉尼亚州的特拉华湾和切萨皮克湾,以及位于亚拉巴马州的莫比尔湾。此外,在大西洋沿岸还有好几个海湾,它们为船只提供了便利的庇护场所。

纽约湾

有很多海湾适合听水涌动的声响。其中最著名的是长岛湾，它也是纽约和东部各州的城市交通往来最常经过的水道。位于北卡罗来纳州的帕姆利科湾和阿尔伯马尔湾也比较出名。

有的海湾很深，是海洋和陆地之间往下凹陷的地方，像欧洲的地中海和波罗的海，也是海湾。邻近美国南端的墨西哥湾也是一片巨大的海湾，这片水域长达1100英里，宽约900英里。

29 土壤和气候

在美国这样一个土地面积广阔的国家，土壤类型当然多种多样。与其他国家的土壤相比，美国土壤的平均质量相对要高一些。新英格兰地区拥有众多肥沃的山坡和河谷；不过总的来说，还有很多地方的土壤比新英格兰地区的更肥沃。

美国中部各州的土壤肥沃；南部各州是大片贫瘠的沙地，只有小部分地方土壤比较肥沃；而在西部各州，土壤通常都非常肥沃。

关于这个国家的土壤，有一个奇特的现象值得我们注意。落叶和枯草腐烂之后，变成了重要的肥料，土壤从而变得更加肥沃。因此,不需要过多的人力,土地上的庄稼就能有比较好的收成,土壤自身就能为庄稼提供天然的养料。

这对于这个国家的第一批定居者来说显得尤为重要,如同是上天的恩赐。他们需要修建房子,并保护自己不受野兽攻击,因此,没有什么时间在土地上耕作。不过因为有了大自然天然的肥料,他们也就不需要成天在土地上劳作了。

美国的气候也是多种多样,在新英格兰地区,冬天一般持续很长时间,而且非常寒冷,大约在十二月初就开始下第一场雪,一直持续到第二年三月中旬。一年当中,有七个月人们需要生火取暖;从十一月中旬到第二年四月中旬,牛群都必须圈养在畜棚或其他有遮蔽的地方。

在这五个月中,河流都结成冰块,地上裹着一层厚厚的白雪。在这个季节里,溜冰、滑雪和滑雪橇就是最好的消遣活动了。春天的时候,寒风萧瑟,细雨蒙蒙,偶尔才有阳光出现,这大概是一年中人们最不喜欢的季节了。

六月的天气非常好,七八月的天气变得酷热。秋天时气候宜人,新英格兰地区景色迷人。在中部各州,冬天的气候相对较为温和,春天和秋天气候宜人,不过夏天的时候却是酷热逼人。

南部各州很少下雪或降霜,但是夏天时酷热持久,经常暴发疫情。西部各州的气候相比大西洋沿岸地区较为温和，因此，这里的人们生活更为舒适，蔬菜种类也更多。

我们注意到一个非常有趣的现象，那就是不管是什么气候，当地的人们总觉得自己所在地区的气候是最好的。在拉普兰和挪威，一年当中冬天持续九到十个月，人们需要裹上厚厚的羊毛皮衣以免被冻死，即便这样，当地的人们依然觉得自己的国家是最适宜居住的；同样，冰岛上的居民也喜爱自己的国家以及气候。

生活在西印度群岛的人们整天在炙热的阳光底下暴晒，但是他们觉得自己生活的地方就像天堂一样。不管这些人看起来有多么可笑，至少他们内心是满足的，这就是他们幸福的根源。

还有一点我们要记得，通常来说，气候严峻的地区，土地也是相对比较贫瘠的。但是那里的人们却是最快乐、最富有的。对他们来说，勤劳是必需的，也是他们许多美德的来源。他们必须修建好自己的房子，为度过冬天储备好的粮食，这就培养了他们善于预测和深谋远虑的习惯。

因此，人们建起了社区，能力得到提升，慢慢地，这些地方成为很多艺术和发明的诞生地，带动整个社会不断向前发展。我们可以发现，在美国气候状况最严峻的地区，人们反而是最富有、最快乐的。

气候这一话题讲起来非常有趣，不过这本书篇幅有限，我就不多说了。在这里，我想要再提一个重要的事实——欧洲海岸地区的气温比起同纬度亚洲海岸的地区要高出

10摄氏度左右。位于北纬49°的巴黎的气候和位于北纬39°的华盛顿的气候一样温和。

30 矿 产

当我们说到矿产的时候,我们指的是从地底下挖掘出来为人们所用的自然物质,包括大理岩、金矿、银矿、铁矿和煤炭等。以前,生活在美国的居民一直关注于寻找地球表面的东西,所以很长一段时间甚至都没有想过地底下能有什么东西。

不过时代变化了,现在这个国家的每一个人似乎都变得对地底下埋藏的东西非常感兴趣,想要挖掘看看能找到什么东西。正是因为人们的好奇心,在这个国家的不同地方,大量的大理岩被挖掘出来,成了漂亮的建筑材料。除此以外,人们还发现了大量的花岗岩和砂岩,可以用来建房子。

铁矿几乎在每个州都被挖掘出来了,而且在很多地区,人们将铁矿进行锻造加工。不少地方还发现了铜矿,并多次试图将铜提取出来,不过现在已经没有矿区进行大规模加工了。

在康涅狄格州有一处非常出名的矿井,叫希姆斯伯里矿井,这个矿井是很多年以前出现的,主要用来挖掘铜矿。多年来,这个黑暗的地下矿井已经成为国家监狱了。监狱位于距离地球表面40英尺的地方,夜晚的时候,囚犯们就被关押在底下,黑暗中,他们常常讲各种野外探险故事自娱自乐。

有时候我会想象自己待在洞穴的一个角落里,听着这些恶贯满盈的囚犯讲述可怕的故事。要是读者们愿意到北方(波士顿)来拜访我的话,我保证一定会给你讲这些故事。

银矿在美国部分地区也有被发现,不过人们并没有对银矿进行大量加工。金矿一般在山区能找到,从波托马克河一直延伸到亚拉巴马河。在弗吉尼亚州,人们找到了大量的金矿,但是在北卡罗来纳州,数量就相对较少了。

要将金属提取出来,一般可以通过冲洗将天然金从沙石或者矿石中分离出来。后一种情况,如果天然金在矿石中,一般要先对矿石进行碾压,再加入水银,才能将天然金完全提取出来。

每年,北卡罗来纳州提取出来的黄金价值约150万美元,这看起来似乎是一个大数目,不过,要提取价值1美元的黄金,大概要花费将近价值2美元的银。在十一月风暴过去之后,许多人妄想在北卡罗来纳州能够找到大如板栗的大块黄金。

大批的人们离开农场,跑到北卡罗来纳州,结果找到什么了吗?不过是一片荒凉冷清的石堆罢了。他们在这里待上好几个月，最终只找到了少量含有黄金的岩石，但是价值并不大，如果他们待在家里农场干活，他们挣得的钱将会是找到的黄金价值的两倍。

事实上，虽然世上的人们偏爱黄金，但是黄金的实际用处其实还不如其他普通的矿产，比如说煤炭就比黄金有用多了。我们可以把黄金比作一个穿着得体的花花公子，因为有钱，所以每个人都很尊重他，但是实际上他对于每个人来说并没有什么用处；而煤炭就好比是一个谦卑实在的好农民或技工，不像花花公子一样虚伪，为社会做出的贡献却是花花公子的十倍之多，因此，不管从哪个角度来看，煤炭都更值得大家的尊重。

在美国境内，很多地方都发现了煤炭，由于现在木材越来越少了，人们也开始挖掘地球底部的矿产，以获得燃料供应。

许多煤矿区都被开采了，有一些地区的开采力度很大。目前比较重要的一个煤矿区位于宾夕法尼亚州。在阿勒格尼山脉东面，地表下面有大片的无烟煤，也被叫作石煤。各式各样的煤炭，包括利哈伊煤炭、桃园煤炭、桃山煤炭和拉克万纳煤炭被大量运往海港。

阿勒格尼山脉西边拥有大量的烟煤，也叫作烛煤，煤炭会自动燃烧，喷出明亮的火焰。这种煤炭可以在匹兹堡附近以及俄亥俄河沿岸许多地方找到。

铅矿在美国很多地方储量非常丰富，其中非常著名的两个矿区位于密苏里州和伊利诺伊州。前者位于美国东部，密苏里州的南部，每年生产价值120万英镑的铅矿，不过现在已经废弃了。后者位于伊利诺伊州东北部，那里应该是世界上铅矿最丰富的矿井了，每年生产的铅矿价值1300万英镑。

在这里我就不多说美国丰富的矿产资源了，也讲一讲其他地方的矿产情况吧。墨西哥、秘鲁和玻利维亚最有名的是金矿和银矿；巴西最有名的是钻石矿；印度最有名的是金矿和宝石矿；匈牙利最有名的是金矿；英国最有名的是锡矿、煤炭和铜矿，这些地区都有世界闻名的矿井。不过，在这里我还要提一点，那就是，所有从事挖掘金矿、银矿以及各种珍贵宝石的人，同时也是世界上最贫穷、最可怜的人。

31 植 物

当欧洲人第一次来到这个国家，漫步在树林里的时候，他们以为这里所有的植物都和大西洋彼岸的一样。但是，如果仔细比较，就会发现，我们这里的植物多多少少都和大西洋东岸的欧洲大陆有所不同。即便是品种相同，也具有很多不同。

我们拥有和欧洲大陆一样的橡树、栗树、胡桃树和山毛榉等，但是这些树木的品种都是不一样的，叶子和果实也都不一样。

这里的树木比欧洲大陆的树木要高大许多。在欧洲大陆条件最为适宜的地方，也只有37种树木高达30英尺，而在美国，足足有130种树木能达到这个高度。在欧洲，我们很难看到高度达到80英尺以上的树木，但是在这里，许多树木的高度能达到120英尺，甚至有些树木的高度比第一批探险家和定居者所说的还要高出许多。

枫树等树木

这种差异或许不仅仅是气候的不同造成的结果。欧洲大陆最原始的树林已经全部被砍伐掉，后来又重新种植上。原本肥沃的土地也随着时间的消逝渐渐变得没有那么肥沃了，因此，再也没办法长出像一开始那么高大的树木了。

游览美国各地的时候，你会看到许多苹果树、梨树、李树和桃树等，不过你应该知道，这些树没有一种是美国的本土植物。这些果树一开始都是由我们的欧洲祖先带过来的。

在树林中,你会找到橡树、胡桃树、枫树、桦树、松树、白蜡树、榆树、山毛榉和栗树等。这些树木在美国大部分地区都非常常见,在中部和西部是最多的。

北美悬铃树、梧桐树等悬铃木属植物在美国也是非常常见,尤其在俄亥俄河沿岸,这些树木长得特别高大。此外,鹅掌楸也很常见。在新英格兰地区,鹅掌楸的高度能达到80英尺高;而在所有植物都普遍较高的肯塔基州,鹅掌楸的高度能达到130英尺。遗憾的是,北方人把如此特别的树木叫作白木树,一个非常简单朴素的名字。

在这里,观赏性树木种类也非常多,包括美国中部各州的本土植物梓树,南部地区的高大木兰,路易斯安那州的楝树,阿肯色州的桑橙——美国最美丽的树木,结一种外形像橙子的果实,非常美味可口,如同一种天然的奶油蛋羹。此外,还有许多其他常见的树木。

在美国本土的灌木植物中,最好看的莫过于月桂树和卡利柯树了,鲜花盛开的时候,漫山遍野仿佛披上新装,展现出一种难以名状的美丽。在其他地方,还有品种众多的杜鹃花和金银花等,非常美丽动人。

在树林里,我们还可以找到各种野生葡萄,其中质量最为上乘的一种叫作"伊莎贝尔",现在已经被广泛种植。此外,土豆、烟草、玉米等,这些在美国本土都被很早种植。

32 动物（一）

正如种植在不同地区的植物，美国的动物与欧洲的动物相似，但它们仍然有所不同。美国的熊与挪威和俄罗斯的熊有家族相似性，但它们明显是不同品种。

美国有鹿，但与在苏格兰看到的并非完全一样；有乌鸦，它看起来很像英格兰的乌鸦，但它们显然用不同的"语言"啼叫。

必须明白一点：美国的家畜大多是外国血统的，如马、牛、绵羊、驴、山羊、猫等。甚至老鼠最初都是从欧洲进口的。家禽也是如此，只有火鸡、鸭和鹅是从美国的野生品种驯养而来的。美国的狗也是欧洲血统，但猎兔犬除外，它是美国的本土产物。

提到美国的四足动物，首先想到的就是北美野牛，有时误称其为水牛，但全美国都没有所谓的水牛。野牛是在大西洋沿岸被发现的，但多年来在阿勒哈尼斯以东没有发现

北美野牛

过野牛。移民潮到来之前，野牛已经隐退了，目前在密西西比河以东从未出现过。野牛的家在密西西比河和落基山脉之间的广阔草原上，有时你会见到成千上万的牛群。

美国境内有三种熊——美国西部特有的灰熊、东西部均有的棕熊和黑熊，前者无疑是这个无礼家族中最坏的。

灰　熊

棕　熊

首先，灰熊拥有惊人的力量。虽然大多数熊以蔬菜为食，但部分熊，如灰熊只吃肉，如果人与其遭遇，则必死无疑。

这种动物的活动范围似乎局限于落基山脉以东地区，目前都远离人类聚居区。然而，毛皮商人和印第安人敢于进入熊的领地进行惊心动魄的冒险。

棕熊有各种深浅颜色，从肉桂色到近乎黑色都有。以前棕熊在这个国家随处可见，但棕熊生性孤僻，不喜见到人类的聚居区、酒馆、乡村商店等诸如此类的东西，因此，它远离了人类，隐居深山。即使在山里，它通常也避开人类，似乎除了清静，它别无他求。

大约一百年前，熊是许多故事中的英雄，但后来就鲜有耳闻了。我可以给你讲一个几个月前发生在缅因州的故事。

一个大约8岁的男孩听他妈妈的吩咐去树林里找家里的老牛。他走出半英里左右的时候，发现他家的奶牛跟一些小牛在一起。他便赶着它们往家走，但还没走多远，一头大棕熊突然从树丛间走了出来，似乎有意接近他。

男孩不喜欢与熊为伍，所以他跳到老牛的背上，抓牢牛犄角以求坐稳。老牛开始狂奔起来，大熊紧追不放，小牛们扬起尾巴，紧随其后。

他们跑啊跑啊，后面的小牛们不时追上熊，用犄角猛顶撞它。这使熊不得不转过身来，老牛因此得以驮着勇敢的骑士与熊拉开了一段距离。熊开始全力狂奔，接近了男孩，企图叼住他，但老牛一路小跑，把男孩安全地驮回了家。熊跑到房子跟前，知道自己没希望了，于是掉头跑回了森林。

33 动物（二）

美国狼

美国狼与欧洲狼是一样的，它们通常比纽芬兰狗要大，但外形与纽芬兰狗相似，其颜色为灰棕色。它们面部表情愠怒而凶狠，发怒的时候看起来就像发狠的男孩。

狼在新英格兰地区是一种陌生的动物，事实上，除了在阿巴拉契亚山脉密林地带，大西洋沿岸各州是很难见到狼的。狼在偏僻荒凉的地区安家，白天住在黑暗的洞穴里，晚上溜出来捕食鹿或走失的羊作为晚餐。

狼很清楚"每个人都是它的敌人"，因此，它从不去学校上学，也不去教堂听布道，而是躲开城镇、乡村，在树林的边缘游荡，或者藏在灌木丛中，不时窥视外面，看看有没有什么东西靠近它，以便饱餐一顿。

通过这种方式，如果它成功地满足了它的食欲，它就回到窝里睡觉,直到夜晚再次降临,饥饿又驱使它去捕食猎物。如果连续两三个晚上没有吃到东西,它就顾不得恐惧,离开大山和森林,走出三四十英里,到达文明的平原地带,袭击羊棚里毫无防备的羊。有时咬死的羊太多吃不了,它就享用剩余的羊血。

住在大山附近的农民经常在早上去喂羊时发现狼已经来过羊棚了。怒不可遏的农民通常叫上邻居,带上三四只猎犬去追捕凶手。

哦,灾难来了,狼先生!猎狗缓慢但准确地跟踪而来,紧随其后的是带着步枪的猎人。快进山,藏进深深的岩洞吧,否则,呼啸的子弹很快将你撂倒在地!

与狼有关的冒险不胜枚举,并且都很有趣,因为这种野兽不但凶残,而且嗜杀成性,在饥肠辘辘的情形下,它会变得很大胆。总的来说,狼独居,个个信奉"自力更生,丰衣足食",但是,如果需要,狼会联合起来攻击野牛或奶牛。

我们的祖先在波士顿安顿下不久,狼群在一个寒冷的冬天穿过尼克峡,袭击了牛群并杀死了几只。狼群甚至在白天出现,害得那些善良年迈的朝圣者携带棍棒前行,并与狼群发生激战。

狼对人类非常敬重,并且尽量避开他们的视线。但在艰难时期,它就忘记了绅士风度,有时会攻击孤立无援的男女。这种情况经常发生在欧洲的部分地区,那里让狼赖以为生的食物很少，但在美国这种情况很罕见。

过去，在寒冷的冬天，如果一个人行走在格林山脉中，五六只狼会从树林里钻出来，接近陌生人的雪橇，望着他的脸，露出它们白色的牙齿咆哮并以多种方式说："先生，我们想吃掉你！"

但是，这样冒险的日子一去不复返了，现在你游遍全美国，也不会受到来自狼、熊或者森林里其他无礼的"孩子们"羞辱了。

在远西地区，有一种动物叫草原狼。它比常见的狼小，但总的来说特性相同。它生活在广阔的大草原上，通常与野牛群为伍，这样，它可以随时享用由于疾病或意外死去的或者被猎人打死的野牛的尸体。

有时，几只狼一起攻击一头受伤的野牛并将其杀死。它们随时准备追击，经常一整天追击一只鹿。如果狼群势在必得，猎物几乎无一能逃脱。

狼群有时包围一群鹿并将它们驱赶到悬崖峭壁，从而造成鹿的伤亡，然后吃掉它们。如果故事属实，狼真是狡猾的家伙啊！

有关狼的话题，我还有很多要讲，但篇幅有限，我只能说在北美还有其他种类的狼。白色、黑色和灰色的狼多出没在北部地区，在美国远西边境地区也偶有出现。

34 动物（三）

在美国有多种鹿——驼鹿、驯鹿、美洲赤鹿、弗吉尼亚或北美普通鹿、黑尾鹿等。

驼鹿是本部落体形最大的，看上去有点像笨拙的、发育过了头并且比父亲或其他血亲都要高大的青年，有时双肩以上就有7英尺。它的犄角宽阔如手掌，像多刺仙人掌厚实的叶子。

驼鹿多在北部边境地区，在美国内地很少见。在缅因州，追逐驼鹿是印第安人冬天的运动项目。

驼 鹿

虽然驼鹿拖着脚步走，但如果地面没有障碍物，这种生物很容易甩开敌人。它灵巧地爬高山、过峡谷，游过湖泊河流，所以，追捕者很难成功，除非是在冬天。

当积雪很深的时候，它的长腿优势就削弱了。它一边跋涉一边发愁，很快便疲惫不堪。狗群追了上来，它转过身

来,发现自己陷入困境。嘘,接近飞旋鹿角的猎狗要倒霉了,时机一到,猎狗会被顶飞,或被抛向20英尺高的空中。

但印第安人很快赶到,一颗子弹或一支箭便结束了这场角逐。鹿皮被剥了下来,经过裁剪,做成很好的斗篷。鹿肉跟牛肉差不多,在波士顿市场上,一磅能卖到25美分。

赤鹿比驼鹿小,但它依然是大型动物。最引人注目的是它高大的树枝形犄角,有时长达7英尺。如果你在树林里遇到赤鹿,你会以为它的头上长着两棵树。

赤鹿

赤鹿喜欢交际,与朋友和邻居群居。它不盖房,不挖洞,也不钻老树上的空洞。它的屋顶是广阔的天空,它的家是阴暗的森林。

它喜欢住在这里,远离人类的骚扰和猎狗的追击,听不到讨厌的铃声、车轮声和枪声。它追求的是隐居,住在森林里最开心了,春天和夏天吃青草,冬天吃树皮。

唉!可怜的孩子!现在它的清静经常被打破。多年来,甚至多少世纪以来,它在密西西比河西面拥有广阔的领地，它在那里生活，没有恐惧，也不怕入侵。大地长满牧草，供它享用，森林张开广阔的绿色斗篷供它乘凉。

但是，潜行的印第安人、不怀好意的白人猎手、狼、熊、狼獾缩小了它的领地，还让它知道了什么叫生活在恐惧中。它的眼睛和耳朵永远处于戒备状态。在表面看来相对安全的时候，它的耳朵前后晃动，细听每个声音；它的眼睛四处观望，搜索灌木丛，或者草原那边的情况，看看是否存在危险。

这还不够。它一遍又一遍地嗅着空气，如果嗅到了可疑的气味，它就张大鼻孔，似乎在追问风："如实告诉我，印第安人在附近吗？猎人在追踪我吗？"如果答复是肯定的，赤鹿马上逃命，风也不见得比它跑得快。

赤鹿为流浪的印第安人部落提供了大量的食物。赤鹿是美国独有的，但总体上与欧洲的马鹿相像。它有个印第安名字叫Wapiti。

赤 鹿

普通鹿（弗吉尼亚鹿）只有赤鹿的一半大。细腿、细脖子、尖鼻子，整个身体构造适应速度的要求。它的犄角很高，呈树枝状，耳朵长而雅致，眼睛丰满明亮，闪闪发光，颜色呈红棕色，步伐是长长的腾跃，食物是草和灌木。

像所有的鹿家族成员一样，普通鹿很胆小。为了安全，它宁愿逃跑也不迎战。它的感官很灵敏，眼睛、耳朵、鼻子像哨兵一样始终处于戒备状态，发现危险就立即报警。当可怜的动物与人为邻时尤其如此，它已经把人类看作是罪恶滔天了。

动物比人类更具观察力，当鹿听到枪声，看到同伴或幼崽在它身边被屠杀，毫无疑问，从此之后，它会痛恨这种声音并且教导它的后代尽可能远离枪以及使用枪的人。

另外，如果鹿被猎犬追逐了一整天，或者被冒险家的子弹击中负伤，它很可能见到冒险家就害怕，并且将这种恐惧告诉朋友们。因此也就不难理解人类在森林动物那里臭名昭著的原因了，它们视人类为死敌，见人就藏，宁愿独自生活在荒野。

我们的祖先刚来到这个国家时，普通鹿很多很多，尽管印第安人不断与之开战。但现在普通鹿已经变得相对稀少，只有少数的幸存者生活在新英格兰。

长岛还有一些普通鹿，这些动物经常出没于阿巴拉契亚山脉的多山地区，美国西部的鹿更多。鹿肉很受青睐，尤其在大西洋市场上更是紧俏。在美国的上述地区，鹿脊肉是宴会上的佳肴,而对于居住在西部各州木屋里的人们来说,它只是家常便饭。我想在西部地区,鳕鱼就像鹿脊肉在沿海地区一样珍贵。

普通鹿像其他鹿一样,如果从小家养,可以改变其生活习性,让它像羊和其他带犄角的动物一样与人和睦相处。在欧洲,小鹿群像羊群一样在鹿园里安静地吃草。

接下来我要说的鹿是西部地区的黑尾鹿。它比普通鹿大,但它们好像是近亲。然而,黑尾鹿是个害羞的家伙,很少给我们机会去了解它,因此我就不多谈了。

我决不能不提叉角羚羊(白人猎手这么称呼它)。它有时在落基山脉脚下的平原上跳跃。它在鹿的家族中是最小的,但明显是本家族的远亲。

当你想接近它时,它跟鹿一样会跑掉,它同样喜欢独处,同样对人类没有好印象。呵呵,任它去吧,世界这么大,让这个森林的小精灵自由自在快快乐乐地生活吧。

然而,我要提一个细节,这是叉角羚羊跟它的远亲不一样的地方。这些奇怪的鹿的犄角每年都会脱落,就像时髦女郎换帽子一样,但叉角羚羊的犄角年复一年没有改变。这一点跟真正意义上的羚羊一样,也是它与所有鹿的区别所在。

35 动物（四）

我们常说某某人像狐狸一样狡猾，由此可见狐狸的声誉。狐狸有多种颜色：有些是灰白色，有些是红色，有些是黑色。但无论什么颜色，它还是那个狡猾的家伙。

它深知人类仇恨它，它便在夜间溜进畜棚，潜行于房子周围，窥视着家禽。它喜欢什么就拿什么，当太阳升起的时候，它已经平安无事地在数英里以外的洞穴里了。

在美国，除了红色、黑色和灰白色的狐狸以外，在美国北部还有两三个其他的品种，美国常见的红狐狸跟欧洲常见的狐狸相似。

如果你去落基山脉旅行，你会遇到野山羊群，它们的毛乱糟糟的，胡子长，尾巴短，蹄子呈黑色。想杀死这些生物很难，因为它们能像松鼠一样攀岩走壁，不让人靠近。如果你有幸抓到一只野山羊，你会发现它的肉很难吃，但是长毛下面的羊绒长得很好。

在同一地区，你有可能遇到野外放养的盘羊群。公羊有很大的弯曲的犄角，但母羊没有。这些生物很敏捷，它们从这块岩石跳到那块岩石，在令人毛骨悚然的悬崖边上，像鸟一样无所畏惧。

盘　羊

在美国的猫科动物里有两种动物是美国本土的。美洲豹和猞猁是猫科家族中在北美森林里发现的仅有的两个成员,连美国的家猫都是从国外进口的。

美洲豹

美洲豹常常爬上树,养育后代,吓唬小孩,但这些事情都成为过去的事了。在宾夕法尼亚州的深山里和南部各州偶尔才会见到这个生物，但在西部的密林中经常可以遇到它。

它是强大的野兽，像它家族的其他成员一样嗜血成性，享用它征服的每一个活物。它能打败最强壮的狗，如果不是出于胆小，人类也不是它的对手。

美国猞猁与加拿大猞猁大不相同，它比一般的猫大1/3，为浅灰色，短尾巴。它爬树很轻松，喜欢吃鸟、松鼠、老鼠和兔子。它目光敏锐，据说它的目光能穿透石墙，当然，这可能只是因为墙上有个孔。猞猁在加拿大的荒野地区很常见，但在美国只能偶尔见到。

猞　猁

整体上来说，美国应该庆幸猫科成员不多。亚洲有狮子、老虎、金钱豹、雪豹以及其他品种。非洲除了有上述的某些品种以外,还有非洲豹和薮猫,我也说不清还有多少种。

它们大多是漂亮的动物,举止优雅。脾气好的时候,它们温文儒雅、彬彬有礼。但是,请不要相信它们!我希望它们待在自己的领地,或者在大篷车里面。花钱观看笼子里的狮子、老虎,比免费看到树林里自由自在的狮子、老虎强得多。

在美国,浣熊被看作是地道的美国佬——活力四射,精明果断,每时每刻都在工作。看看它那张脸,看上去多么精明能干,似乎它生来无所不知。看,它用爪子抓东西是多么娴熟自如!给它一把小刀和一块木片,它拿东西的姿势就好像它是行家。

浣 熊

看看它在树林里的样子吧:它总是四处观望,时而审视地面,时而爬上树窥视每个节孔。看到它脖子上的链子了吗？链子被系到了木棍上。即使在这种情况下，它还是闲不住，有时这边走走、那边溜溜，有时它的长尾巴也能派上用场。要是什么东西进入了它伸手可及的范围之内，它会捡起来，看一看，似乎在问："这个东西有用吗？"

浣熊是灰色的，体形是猫的两倍，似乎是熊和猴子的结合体。在新英格兰许多地区都很常见，在肯塔基州以及西部地区更是如此。关于浣熊就先说这么多吧。

负鼠也是美国独有的动物，尽管在新荷兰有四足动物与其很相似。但它只生活在美国的温暖地区，在这些地区负鼠很常见。它跟猫一般大，短腿，有爬树用的爪子和又长又壮的尾巴。它有时用尾巴把自己吊起来，像挂起的一块肉一样。

负　鼠

这种动物最新奇的地方是，在母负鼠的肚子底下有个育儿袋，遇到危险时小负鼠就钻进去。这是个了不起的发明，使它能够保护它的幼崽免受老鹰和其他动物的伤害。

獾只生活在美国西部，体形跟浣熊差不多。外形与熊相似，许多生活习性也相似，肉菜同吃。

土拨鼠（马里兰土拨鼠）在美国很有名气。土拨鼠就像其名字暗示的那样，生活在草原上，聚在一起，成群住在洞穴里。

臭鼬属鼬鼠家族，但它的名气主要来自其奇特的自卫方式。它不咬人也不挠人，而是释放一种恶臭的气体击退敌人，谁靠近谁就要倒霉了！在其他方面，臭鼬是安静的动物，它更适宜溜进畜棚喝鸡蛋吃鸡肉。

土拨鼠

臭　鼬

美国还有另外几种四足动物，我只能简略地说一下。水獭生活在水塘里，经常滑下山坡自娱自乐，虽然它没有雪橇；河狸是四足动物中最具天赋的建筑师；麝鼠是海狸谦恭的模仿者；貂鼠是又黑又长的家伙，也生活在水塘里；还有几种鼹鼠和耗子，就不一一讲述了。

不能不说的还有松鼠家族，黑松鼠、灰松鼠和狐松鼠几乎都一般大。松鼠住在遍地坚果的森林里，在树上用木棍和树叶搭窝并用苔藓筑牢。松鼠几乎生活在美国各个地区，在西部各州的森林里有时可在一棵树上见到十几只狐松鼠。

这些动物经常成群结队地从一个地区迁徙到另一个地区。为此，它们有时要游泳到河对岸。我曾见过它们奋力游过俄亥俄河，到达河对岸时一个个筋疲力尽地躺在沙滩上一动不动，长达几分钟。

不仅如此，我还看见它们有的因极度疲累而不得不屈服于命运，顺流而下。在这种情况下，许多的松鼠被人类杀死了，或是在河里，或是在河边。如果在它们的行进中遇到了印第安人的玉米地，它们会糟蹋一通，场面惨不忍睹。

赤松鼠是个活泼的小家伙，它在栅栏顶上或者你走过的路边上蹦蹦跳跳；花栗鼠从石墙或树林附近的树根下面的洞里露出头来。飞鼠的两侧有薄膜，它像挥动翅膀一样挥动薄膜向下倾斜，从这棵树飞到了那棵树。

我已经讲述了美国主要的四足动物,但还没有讲平原上或西部草原上的野马,这些马不是美国本土的,虽然它们在美国西部荒野的数目惊人,但它们是欧洲人带到墨西哥的西班牙马的后代。

36 鸟 类

在美国,有羽毛的动物种类远比四足动物种类多得多。美国有很多鹰,其中几种在东西部都很常见。

白头鹰(白头海雕)应该是美国特有的。它的形象被选入美国的国徽图案中。它确实是强大的鸟,它可以从一个大陆飞到另一个大陆,在北部高纬度地区,它们彼此更接近。

美国有各种各样的鹰,其中鸭鹰已被确认与欧洲的猎鹰是一样的。在放鹰捕猎的时代,鸭鹰因其捕杀能力而受到人们的尊重。

白头鹰

秃鹫有两种——红头美洲鹫和黑美洲鹫。这些鸟在查尔斯顿和萨凡纳很常见，它们在街上吞噬腐烂的肉。它们能够清除令人作呕的东西，而这些东西在炎热的国家可能会产生瘟疫，因此这些鸟受到了公众的保护，得以在城里平安无事地四处觅食。

在美国温暖地区，这些鸟成群结队地在空中盘旋，或享用一匹死马的尸体，或懒洋洋地坐在森林橡树的枯枝上。它们是表情严肃的鸟，面容令人生厌。因为它们所吃的食物，所以其身上总是带着一股酸臭的气味。

黑美洲鹫是秃鹫中一个强大的品种，也是飞鸟中体形最大的。它有时出现在美国边境的落基山脉，在阴郁孤寂、白雪皑皑的山峰上，它似乎在面对雪景沉思，闷闷不乐地觅食。它满足于吃腐肉，但是，在饥饿难耐的情况下，它也会攻击一个受伤的动物，经过坚持不懈的努力撕裂它。

乌鸦生活在美国的西北部，我们有两三种乌鸦和一个大家族的猫头鹰。喜鹊是喋喋不休的家伙，在英文书籍里经常提到，喜鹊生活在落基山脉以西的平原上，

黑美洲鹫

它从不向东迁移。旅行者说它是一个无耻的小偷。它溜进旅行者的帐篷,趁你一不注意,它见什么拿什么,只要是它喜欢的,再重的东西它也能偷走。

鸽子有好几种,最引人注目的是哀鸽和旅鸽[1]。夏天在沙路上经常可以看到哀鸽成双成对地。它们是温柔的小鸟,拥有鸽子家族所具备的所有风度。这些是真正的野鸽,如果我们非要将野鸽和家鸽区别开来的话。在西印度群岛家鸽被称为地鸽。

旅鸽外形优美,有着长长的尾巴、明亮的眼睛和光滑的羽毛,脖子上闪烁着金属般的光泽。它上部的羽毛是铅色的,胸前通常是浅红色。旅鸽到过英国的许多地方。

这种小鸟的飞行速度非常快,有时成群的旅鸽多达数百万只。我曾亲眼看见它们不断地从天而降,持续了一整天。无数的旅鸽被网捕获或者被击毙,然后被带到市场上出售,这种事多发生在春秋两季。

这些鸟为了繁衍生息,在四月从南方迁徙到北方。有时它们大量地聚集在森林里,打算在这里住上一段时间。它们开始筑巢,此时,一幅美妙的景象出现了:鸟儿们四处飞舞,一些鸟在嘴对嘴咕咕叫,一些鸟在工作。

一切在有条不紊地进行着,蛋下了,幼鸟孵出来了。连续几个月,森林里窃窃私语不断,听起来像远处传来的大瀑布的咆哮。最后,秋天迫近了,它们开始动身飞往温暖的地区。

[1]又称漂泊鸽,已灭绝。

125

野生火鸡是美国特有的,早期在大西洋沿岸各州火鸡比比皆是,但现在除了西部森林地区,其他地方很少见了,在西部森林里野生火鸡依然很常见。现在,世界上所有家养的火鸡都是美国野生品种的后裔。火鸡的演化历史充满了乐趣。

野生火鸡

[1]又名新英格兰黑琴鸡,已灭绝。

我们有好几个品种的松鸡,其中有草原松鸡[1]和披肩榛鸡。前者在马萨诸塞州东南部、长岛和新泽西州偶有见到。在西部和南部地区依然很常见,它的肉非常受欢迎,为了防止松鸡数量的减少,当地已经通过了有关保护它的法律。

披肩榛鸡在北方称为鹌鹑,而在南方称为野鸡,但它同野鸡和欧洲松鸡大不相同,它比前者小得多,又比后者要大。美国的鹌鹑比欧洲的鹌鹑大,它们在某些方面有所不同,美国鹌鹑与欧洲的山鹑极其相似。

在这本简短的书里列举出美国所有鸟的名字是不可能的。我本想简要描述一下具有代表性的鸟类,可事实上它们都很有趣,我实在难以取舍。我再提几种比较值得关注的鸟类吧。

在鸣禽中,最特别的是嘲鸫,在美国温暖的地区经常可以见到。有几个音符是它们与生俱来的声音,但其主要的天赋在于模仿。

嘲鸫的歌曲主要是由其他鸟类的音符构成的,这些音符经常混合在一起产生优美的音乐。嘲鸫能学习简短的乐曲,它从笛声中很容易掌握华尔兹和其他欢快的旋律。在世界有羽毛的鸟类歌手中,它的音乐天赋恐怕无鸟匹敌。

在我们的树林里和田野上有很多其他优秀的歌手,如棕林鸫、画眉、北美歌雀,还有我们称为知更鸟的红胸鸫、几种朱顶雀和其他鸣禽。

嘲 鸫

除了上述因歌喉而赢得赞誉的鸟类之外,我们还有许多因其肉质鲜美而闻名于世的鸟类。除了那些已经提到的以外,我们有鹬、丘鹬、鸻(héng)鸟、食米鸟等。

水鸟的种类很多,如天鹅、大雁和许多种鸭子,有几种鸭子在欧洲无人知晓,其中之一是帆背潜鸭,在切萨皮克湾随处可见。在水禽中,帆背潜鸭是最知名的美味。

我们还有一长串其他的水鸟,如鹤、苍鹭、琵鹭、大白鹭、鹈鹕、鸬鹚等。羽毛漂亮的鸟类有圃拟鹂、巴尔的摩拟鹂、卡罗莱纳鹦鹉[1]以及精致优美的蜂鸟。

还有一些有趣的鸟类我需要补充一下,如果松鸦、啄木鸟、猫鹊、乌鸫、麻雀、燕子、东霸鹟、云雀、东蓝鸲、鹪鹩和山雀受到了冷落,那是因为篇幅有限,而不是我有意省略这些美丽的空中常客。

37 爬行动物、鱼类等

在这本讲述美国生机勃勃的自然界的书里,我什么也不想遗漏,我们的苍蝇、蚊子、蜜蜂、黄蜂、甲虫、飞蛾和蝴蝶数不胜数,但我们必须从昆虫飞舞的天上回到各种爬行动物横行的地上来。

在东南部各州，在河流和潟(xì)湖岸边，你可能经常看到懒惰的短吻鳄在晒太阳或躺着等待它的猎物。这种生物很强大，但是它很少攻击人类。它像古代大陆上的鳄鱼，但并不那么凶猛。

短吻鳄

这里有蟾蜍、乌龟、青蛙、蜥蜴和各种各样的蛇。响尾蛇是这个国家特有的，尽管它咬人，但很少有人会被它咬死。黑蛇、条纹蛇、奶蛇、水蛇和草蛇是无害的；南方的蔓蛇是有毒的，必须要小心避开。猪鼻蛇在美国许多地区都有，蛇如其名。

在海洋深处或河流湖泊里有各种各样的鱼。我们有鲑鱼，虽然现在很稀少了，但我认为它们并不是苏格兰的鲑鱼。现在英国的轮船开始带着冰冻的苏格兰鲑鱼穿过大西洋来到美国。我们有西鲱鱼，在美国它们是上等鱼，但在欧洲它们不受欢迎。

我们有鲱鱼、鲭鱼、鳕鱼、比目鱼、鲈鱼和黑鱼。大比目鱼和鳎目鱼相当普遍，在英国很受青睐，在我们的沿海地区很少捕到，但我们的龙虾、牡蛎和蛤蚌的供应充足。

如果读者喜欢大鱼和它们更多的故事，我会请他到我家来，给他讲有关鲸鱼、鲨鱼、剑鱼和其他深水鱼类的故事。这些鱼类经常光顾我们的海域。我还要讲讲海蛇，我本人十分喜欢海蛇。

至于那些生活在清澈的小河里和水晶般透明湖里的美丽的小居民（如鳟鱼、鲤鱼、反光鱼、吸盘鱼、派克鱼等），我们取之不尽，尽管它们的体积更小些，数量也没有欧洲部分地区那样多。

在结束本文有关动物的章节之前，我必须声明，目前在这个大陆上没有四足动物能与其他地方的一些非凡的物种相比：我们没有大象、骆驼、长颈鹿、犀牛、河马之类的动物。

北美洲没有鸵鸟类，但南美洲的美洲鸵与鸵鸟极其相似；北美洲没有猴子和猿，也没有蛇能比得上其他地方的蟒蛇和王蛇。

但是有一件事不应该被忽视，在本国以及在其他国家，某些现已绝迹的动物骨头埋藏于地下，其中有一种巨兽的几副不完整的骨架已在美国不同地区被发现。

它的名字是长毛象，现在被叫作猛犸象。它很像现在的非洲大象，但至少比大象大三倍，并且比例不同。我们有理由相信，很久很久以前，这种动物在全国范围内游荡，但其历史只能留给读者去想象了。我们只知道它的骨头在许多地方都有被发现，因此我们完全有理由得出这样的结论：在并不遥远的过去，这些骨头上曾长着肉，并由肌腱联系在一起，生机勃勃。

我们也有理由相信，很多其他的动物曾经存活在这个国家，但其中一些种类的动物已经灭绝了。同样，从各种物质上的树叶印记来看，至今还未命名的灭绝的植物在这里曾经枝繁叶茂。

38 印第安人（一）

当哥伦布发现美洲时，他以为这是印度的一部分，因此，他初访的那些岛屿被称为西印度群岛，岛上的居民被叫作印第安人。这个名字后来扩展到泛指整个地区的土著居民并被沿用至今。

这块西方大陆上土著人的起源和早期历史颇具争议。他们被发现时完全没有书面语言，因为没有书籍，也就没有任何记录，除了一些事件可能会被模糊地代代相传。

通常有关他们的问题首先是：这些人来自何处？他们是这里土生土长的还是从地球其他地方迁徙至此的？这些问题就连印第安人自己也无法给出回答。

因此，我们只能推测了，最大的可能是他们来自亚洲的不同地区。

今天的印第安人用他们的独木舟横穿白令海峡，这可能是以前延续下来的传统。除此之外，印第安人几乎跟亚洲的居民尤其是亚洲岛屿上的居民一样。他们的一些礼仪和习俗也跟东方国家接近。

因纽特人

但印第安人不是美国唯一的早期居民。首次发现他们时，美国的土著居民可分为四大类别：北部地区的因纽特人，像现在一样，他们主要以捕鱼为生；遍及整个大陆的印第安人，多以打猎为生；西印度群岛上的加勒比海[1]印第安人以及相对文明的墨西哥和秘鲁印第安人。

因纽特人与印第安人形成了鲜明的对比，可以说因纽

[1]加勒比海以印第安人部落命名，意思是"勇敢者"或"堂堂正正的人"。

特人是一个身材矮小的种族,其性格和生活习惯都与拉普兰和亚洲北部边境的居民相似。据推测(不是没有可能),这些人拥有共同的祖先。

加勒比海印第安人似乎在西印度群岛人丁兴旺,那里土壤肥沃,气候适宜,他们被发现时,已经过着平静的生活。墨西哥和秘鲁印第安人在艺术方面已经取得了相当大的进步,他们建造城市和庙宇,并掌握了农业。

虽然他们身居金银宝地,却不知道如何利用金属;他们不知道怎么使用犁,也没有马匹。由此可见,无论他们在人类文明方面多么进步,相对来说,他们依然是涉世不深的人。

居住在该领地的部落现在属于美国,他们只是猎人。他们没有永久性的住处,他们仅有的艺术就是建造草皮封顶的棚屋或木屋,把兽皮做成粗糙的衣服,用红黄色的土做成涂料装饰身体,制作战争的武器——如鹿肌腱当弦做成的弓、打火石碎片做成的箭头、石头做成的战棍和战斧。他们仅有的切割工具是锋利的石头碎片或燧石。

一些部落略知陶器制作知识,并制作了几件陶器,这些陶器是在太阳下晒干或者在火上烤干的。

在战争中,他们使用弓箭和战棍。他们操练每一种技艺试图给敌人以出其不意的攻击,或者用作逃跑。他们很少设立防御工事或壕沟之类的东西,野生森林、深深的山谷、岩石峭壁就是他们防御和撤退的天然屏障。那些有坚固的栅栏围起来的地方,首批英国殖民者称之为城堡,加拿大的法国人称之为别墅或城镇,翻译成英语就是城市,沿用至今。

部落通常很小,他们从来不组建大规模的军队。几个部落联合作战的情况也很少见,成百上千的武士战场上兵戎相见更是罕见。他们的风俗不是两支军队走向战场一决雌雄,这与当今文明国度不一样。他们的战争更粗野、更血腥,充满了计谋和骗术。

攻击邻近部落的计划一经确定,准备工作就秘密地开始了。首先是迷惑敌人让他们毫无防备,也许有不同寻常的示好行为,与此同时,攻击的准备工作也紧锣密鼓地进行着。

箭袋里装满了精心削直磨光了的箭头,箭头是巧妙地用打火石做成的,并绑上羽毛。他们挑选最好的弓,仔细检查箭弦,备好战棍和火石刮刀。武士们的身上、脸上被涂上可怖的图案,其目的是最大限度地恐吓敌人,因为恐吓是突袭战略的一部分。

他们全副武装踏上血腥的征程。他们在夜幕和森林的掩护下,行军快速而隐蔽,像美洲豹在爬行。他们通常在拂晓前到达敌人的棚屋,因为这是睡得正香的时候。

他们分散开来成联合攻击之势,杀声四起,破门而入,屋里惊慌失措的人们无一幸免,包括没有还手之力的妇女和无助的孩子,就像可怜的动物一样。

　　在血腥场面的刺激下,伤者和绝望者的哀号更助长了武士们的士气,他们像疯了一样,从这个屋到那个屋,恶魔般地喊叫着,攻击着。

　　但是突袭往往会遇到激烈的反抗,像野人般生活的人们习惯应对随时发生的危险,他们很快从突如其来的恐慌中清醒过来。虽然在意想不到的时间遭到突袭,他们被敌人的喊杀声惊醒,但他们马上就跳了起来,抄起武器,同仇敌忾,勇敢迎击侵略者。

一场战争

　　然后是战棍翻飞,生死格斗。全面描述这些场景很难做到,在人类战争的凶残故事中,印第安人的战斗是最残忍的。有时几乎整个部落在一夜之间就被消灭了。但更多时候,这样的突袭最后只是牺牲了几个平民,再加上双方的几个武士。

残忍的战争给对方留下了刻骨铭心的印象,一旦两个部落发生了冲突,友好相处的可能性就很小了。即使部落首领之间签订了停战协议,战火也很容易再次点燃。

一个奇特的习俗在印第安人中盛行。当一名武士杀了敌人,他要把敌人的头皮割下来用来证明他杀敌的数量。因此,谁的棚屋里积攒的头皮最多,谁就是最受尊重的武士。

我听过一个与此习俗有关的稀奇故事。在过去对法战争中,一个印第安人杀死了一个戴着假发的法国人,他弯下腰来,抓住了头发想取下头皮。但令他惊讶的是,那假发掉了下来,留下光秃秃的脑袋。印第安人举起假发好奇地仔细观瞧,然后用蹩脚的英语叫道:"假货!假发!"

39 印第安人(二)

打仗和追求女人是印第安人生活中的两件大事,在这两方面最成功的人会受到最大的敬重。

当印第安青年向女人求爱时,他不炫耀自己的儒雅斯文,也不炫耀雅致的弓或得体的穿戴。他认为在同伴中穿戴得好对追求女人没有帮助,也不会像现代人那样因有钱有地有股票而感到自豪,他会告诉女人他是如何打仗和打猎的,比如如何用箭杀死鹿,如何用技巧和力量战胜野熊。

他告诉她如何追击敌人,如何深夜在敌人的住处高声喊杀,如何对付敌人的女人和孩子,如何与涂了图案的武士单打独斗。他把一串头皮放在姑娘脚下以证明他的功绩,印第安青年就是用这些故事去赢得姑娘的芳心的。

所有这一切都不是不可理喻的。在那样野蛮的社会,女人需要保护,只有身强体壮、心狠手辣的男人才能提供这种保护。女人也会欣赏这些能为家族带来名望的特质。想赢得女人芳心的男人便投其所好,不遗余力地展示这些特质。

印第安人的食物有鹿、熊、松鼠、野生火鸡和其他各种鸟类。那些住在有野牛地区的人则主要以野牛的肉为食。他们用箭杀死野牛。古代猎人技能高超,他们能精确地击中猎物,现在他们改用步枪,骑马追击猎物。

印第安人也以鱼为食,他们通常随身带着鱼叉,有时也用骨头做成的鱼钩捕鱼。男人打猎捕鱼,女人料理家务,再种点玉米、豆角和南瓜,这就是他们农业的全部。

他们有时把青玉米或干玉米捣碎生着吃;有时将肉在太阳下晒干;有时在凹陷的石器里把肉煮熟,往水里放入发烫的石头来加温;有时把青玉米粒砍下与肉、豆角同煮做出一种高汤。

棚屋里的家具非常简单。没有椅子,没有桌子,没有沙发,没有大理石壁炉台。床仅仅是用兽皮和毛皮做成的。人们通常坐在地上,从煮食物的石盘里抓肉吃。

有时他们将木头粗制滥造成奇形怪状的勺子,木盘也是以类似的方法做成的。他们在地上生火,没有烟囱,烟是通过屋顶的开口或门散发出去的。这些古人的做法几乎延续至今。

棚 屋

他们没有书,没有圣经,没有识字课本,没有《杰克建造的房子》或《鹅妈妈的故事》讲给小孩子听,没有供他们做礼拜的教堂。他们不知道什么是安息日,也不知道一周每天的叫法。他们按月亮的盈亏计算月份,按季节轮回计算年份。

他们从未听说过那个教导人类彼此友善、热爱真理、仇恨谎言、将心比心的上帝。他们信奉大神(有时他们称之为 Manitto,即生命之神)。他们向大神祷告(如今依然如此),感谢并赞美他。

他们坚信有来生转世,并且认为,得到女人芳心的人、战场上勇敢杀敌的人死后会到达一个美丽的国度。在那里他们会获得永生,继续受到女人的爱慕,享受荣华富贵。

这就是印第安人的情况,他们占据的北美地区现属于美国。他们世世代代生活在那里,毫无疑问,在我们的祖先来到这个国家之前,他们就已经在那里生活了很多个世纪了。

40 印第安人(三)

我已经说过,这个国家的印第安人可能是亚洲人的后代,但他们早期的事情无人知晓了。无论我们多么急切地想透过历史的面纱去探寻可能发生过的事件,一切都是徒劳。

然而,在穿越密西西比河河谷时,我们发现了许多土丘,很明显它们是人为堆积而成的。一些土丘很大很高,乍一看,它们似乎折射出些许历史的光芒。但是,今天的印第安人对它们的起源一无所知,认为这些土丘可能是他们的祖先到来之前其他占据这里的民族建立的。

在田纳西州,有许多这样的土丘,有的高达10英尺,底部宽50英尺。在弗吉尼亚州西部,距惠灵数英里靠近俄亥俄州的地方有个土丘高70英尺,周长40杆[1]。

在亚拉巴马州东北部的艾特卫河附近有一个土丘更加惹人注目,它高75英尺,周长1114英尺。

像大多数已发现的古迹一样,这座古墓被森林覆盖,有些树木直径达12英尺,这说明土丘是在很多世纪以前建造的。

这些土丘通常呈圆形,看上去像小山,外形跟金字塔差不多。除此之外,其他人造建筑物也被发现了。在俄亥俄州的马里塔附近有一些令人瞩目的古迹。这些古迹由土墙和土丘构成。有一处40英亩的地方,四周是6~8英尺高的壁垒,底部二三十英尺厚。壁垒里面是高高的土制平台。这座古迹附近是形状普通的土丘,高30英尺,底部周长350英尺。

俄亥俄州的瑟克尔维尔县,其名字来自一座圆形土墙,或叫作护墙,这座墙似乎是很久以前建造的。现在我想你一定想知道这些建筑物是谁建造的,什么时候建造的,目的又是什么。我很愿意回答这些问题,但答案不一定准

[1]1杆约等于5米。

确。不过,下面的观察可能对拨开迷雾探究真相有所帮助。

这些土丘和墙壁都出现在密西西比河河谷附近,除了纽约州西部地区还有这类小土丘以外,其他地区都没有。翻开土丘,里面是人的骨头,这让我们有理由相信,这些阴森森的坟墓属于所有民族,在地球上人类居住的地方都能见到。

一些西部部落至今仍以相似的方式埋葬死者。建造小坟墓可能是因为当时的部落人口比从前占据那里的部落人口少。

至于墙壁或护墙的存在很可能是为了防御,充当堡垒的作用。在西班牙征服墨西哥之前,西部的印第安人可能跟墨西哥人有过交流并学到了一些技艺。或者住在墨西哥边境上的部落可能不断迁徙并在密西西比河河谷地区定居下来,他们把墨西哥人的风俗习惯带到这里。

这样的推测使我们能够对这些古迹做出解释:建造古迹的部落可能在战争、饥荒、瘟疫中消失了,残余的部落可能人太少并且居无定所,无法传承他们祖先的技艺和劳动成果。你们看,小小的观察和推理很可能帮我们解开印第安人古迹的谜团,但我们能否真正查明真相还是未知数。

虽然欧洲祖先来到这个国家之前,印第安人的历史存在很多的不确定性,但我们可以毫不费力地追溯那时的故事。

你已经知道现在美国境内的印第安人分为许多小部

落,每个部落似乎都讲不同的语言。但是,通过仔细观察我们发现许多部落极其相似。新英格兰、纽约州和美国中部各州的部落似乎都讲阿尔冈昆或齐佩瓦族语,由此推断,这些部落同祖同源。

这些部落有缅因州的佩诺布斯科特人,马萨诸塞州的纳蒂克和马什皮人,罗得岛州的纳拉甘塞特人,康涅狄格州的莫希干人和佩科特人,纽约州的易洛魁人或易洛魁联盟或加拿大易洛魁联盟,因为他们所在的位置以前是加拿大的一部分。其民族有:摩和克族、奥奈达族、奥农达加族、塞尼卡族和卡尤加族,加上图斯卡罗拉族共六个民族,还有宾夕法尼亚州和特拉华州的特拉华族。

南部的印第安人似乎讲另一种语言,佛罗里达人称之为佛罗里达语。这里有许多部落,其中克里克、契卡索、切罗基和塞米诺尔为主要部落。

西部的印第安人讲苏语,主要部落有:温纳贝戈、奥图、爱荷华、密苏里、阿因尼博因、奥马哈、堪萨斯和达科他。现在你可能意识到印第安人有数百个小部落,但这些印第安人分为三大家族:齐佩瓦族、佛罗里达族和苏族。

我无法讲述这些部落漫长的故事,这样说就足够了:很多齐佩瓦族部落曾一度占据新英格兰地区和美国中部的森林,但现在他们已从陆地上消失殆尽,只有为数不多的可怜的幸存者仍在他们父辈生活过的地方徘徊。他们在退化,在急剧减少,森林将很快把他们忘记。齐佩瓦族的一些零散部落,如索克和福克斯还在遥远的西部湖区边境游荡。

南部印第安人的灭亡推迟了,但毁灭近在咫尺。近来,他们为自由而殊死抗争,但他们的抗争是徒劳的,他们面临的是被灭绝或被驱离祖辈居住的家园[1]。

许多阿尔冈昆部落仍然居住在广阔的密西西比河河谷里,但他们逃脱不了印第安人的命运,他们一步一步地被驱赶到西面去,现在只能生活在密西西比河以西的地区,许多人生活在密苏里河及其支流的平原和草原上。一些人占据着落基山脉西部山脚下的广阔的山谷。

他们都学会了使用步枪,偶尔使用弓箭。自从野马成倍增长以来,许多人已经成为马上高手。他们以野牛肉和鹿肉为食,不再穿兽皮,而是从毛皮商那里换来毯子、珠子、刀、手枪、步枪、火药等。他们还获得了醉人的烈性酒,这些使他们成为可怕的恶魔。

除了西南部的阿尔冈昆印第安人以外,还有一些不能归入我提到的三大家族中,其中包括波尼族、黑脚族等,他们住在密苏里河上游甚至落基山脉密苏里河的发源地。

还有休休尼人,他们是凶猛的武士和无畏的骑士,占据密苏里河和哥伦比亚河之间的山区。落基山脉以西、哥伦比亚河和太平洋沿岸还有其他部落,但我没必要用那些生硬的名字填满这本书;再者,我说过他们的领地还没有纳入美国的版图[2]。

[1]16世纪后,欧洲殖民者来到美洲,对印第安人进行奴役和屠杀。1783年,美国独立后的西进运动,使印第安人继续遭到屠杀和驱赶,人数骤减。到20世纪初期,只剩下30多万人。印第安人的反抗此起彼伏,几乎全被镇压。

[2]随着内华达州、犹他州、加利福尼亚州等成为美国的地方州,这些领地已经纳入了美国版图。

41 公民和行政部门

我已经简述了美国的自然地理。我讲述了山脉、河流、河谷、湖泊以及原始居民。

至此，我已经把这个国家的面貌和国情如实呈现，现在我想简述一下政治。下面我要讲的不是大自然的作品，而是人类的杰作。

我要讲讲国家是如何划分为州的，有哪些主要的城镇、铁路和运河；再讲一讲商业、农业、渔业、制造业和其他财富的来源以及公共行业的分支。之后我将简略介绍美国自白人到来以后的历史。

美国分为四个地区，即东部、中部、南部和西部。每个州都有首府，首府不一定是本州最大的城市。你知道奥尔巴尼是纽约州的首府，但它面积还不足纽约市的1/10；在宾夕法尼亚州，哈里斯堡是州府，但其面积只有费城的1/40。

42 联邦政府（一）

我想你听说过哥伦比亚特区吧，它坐落在马里兰州和弗吉尼亚州之间的波托马克河旁。如果你曾到过这个地方，你会发现它包括了华盛顿市、乔治敦市和亚历山德里亚市。

华盛顿看上去非常独特，它不像其他城市那样紧密地建在一起，而像一个相互分开的大城市的碎片散落在一个大空间里。

如果你从城市的一端开始行走，会看到大群的建筑物，它们属于纽约或波士顿。接下来要走很长一段路，途中连一座房子都没有。一段相当大的距离之后又是高楼林立，像城市的一隅，然后又是空地。这样走上2英里，城市的住宅区和宾馆、没有建筑物的宽阔的绿地森林和木制栅栏交替出现。但是，如果你查一下地图，就会发现这里的每寸土地都是经过设计规划的，在街道和广场上都有所呈现。

在城市的东边，你会看到一栋由浅色石头砌成的宏伟大厦，大厦的顶端飘扬着美国国旗，这就是国会大厦。国会在这里召开，美国最高法院也在这里开庭。

国会大厦

在你进入这栋辉煌的大厦之前，我建议你驻足片刻，环顾一下四周美丽的景象。一个宽阔的峡谷出现在你的视野里，峡谷里五彩缤纷的景色让你眼前一亮：南面流淌着波托马克河，河边是海军船坞，里面有几艘战舰；西边是已建好的城市部分，被人称为宾夕法尼亚大道的宽阔通道。从这个角度望去，华盛顿没有了我所描述的凄凉景象，俨然是一座辉煌的城市。

如果从这座城市望向远方，你会发现峡谷与小山相连，小山上有乡间别墅和房子。进入国会大厦，你会对各种各样的楼梯、拱门和圆形大厅惊叹不已。

闲逛过很多房间之后，你会发现在大厦里有三个主要的房间。最大、最豪华的是代表厅,每年冬天,代表们在这里相聚一堂,共商国是。大厦的另一处是参议院室,参议员聚集于此协助制定法律;还有一处是最高法院。

如果在冬季参观国会,你会发现国会大厦里有很多人。代表厅里有二三百名议员[1],如果等上足够长的时间,你会听到很多长篇演讲。

在参议院室里大约有50名参议员[2],在最高法院的房间里有五六个法官[3]。除了这些人以外,你还会见到更多的人到处走动,一些人在上述房间里查看议程。

离开国会大厦后,你应该沿着我说过的大街继续走上一段路,这样你就会来到一座漂亮的白房子前,在这里,你可以见到美国总统。

[1]随着美国国土面积的扩大,地方州和人口的增多,议员人数也在增多。根据美国国会在1929年通过的法律,众议员人数被固定为435名,并根据每次的人口统计结果于各州之间调整。

[2]现在,参议院的名额分配:各州不论大小,都有2名国会参议员,华盛顿哥伦比亚特区有3名议员。

[3]根据1869年美国国会法令规定,由首席法官1人和法官8人组成美国联邦最高法院。

总统府

你必须携带介绍信或者经人引荐才能见到他,之后你可以告诉他是老彼得·帕利建议你去拜访他的,请他给你讲讲政府的事情以及他是如何管理这么大一个国家的。不要害怕提出问题,因为总统平易近人,他会友善地接待你的。

也许总统会邀请你参加他的招待会,招待会在晚上举行,你至少能见到500人。总统会在豪华套房里接见你,其中有一个套房特别大,其形状呈圆形。

一定会有朋友陪同你参观,并给你讲解你所看到的每样东西,告诉你那些人的名字。你将看到军队的将军,他们与众不同的地方是他们肩上有金色的肩章。他们曾与英国人和印第安人打过仗。你还会看到一些外表冷峻无畏的绅士佩戴肩章、短剑或匕首,这些都是海军将领。

你会看到某些头发花白的绅士,他们神色庄重,左胸上戴有星形物,他们都是来自外国的大使。你还会看见很多优雅端庄的女士以及名门子弟。

在华盛顿逗留一周以后,你开始明白为什么它被叫作美国的首都、政府所在地或国都,但你一定

[1] 美国国旗旗面现由13道红白相间的宽条构成,左上角还有一个包含了50颗白色五角星的蓝色长方形。

美国国旗[1]

148

要弄清楚国会和首都的区别。到那时,你一定会明白,国会为什么在这里召开,总统为什么在这里处理国家事务。

43 联邦政府(二)

我想小读者们都知道,如果一个家庭没有人管理,一家人就不可能和睦相处。父母必须管教那些调皮捣蛋的孩子,奖励那些听话乖巧的孩子,一家人才能有序地生活;否则,家里就会一团糟。

一个国家如果没有人统治也会乱套的。如果没有法律,没有人把法律诉诸实施,强壮者就会抢夺虚弱者的财物,奸诈者就会欺骗老实人,这样,很多人就会沦为不公、残暴和犯罪的受害者。

为了防止这些罪恶,保证人身和财产安全,人们制定了国家宪法。依据宪法,人们选举出法律执行者和监督者。

美国的宪法形成于费城的各州会议,当时与英国分离的战争刚刚胜利。宪法于1789年开始实施,一直延续至今,从未间断。

像英国一样,该宪法规定政府有三个分支机构,但在美国,这三个分支机构的人员都是选举产生的。国会由两个主体组成,即参议院(上议院)和众议院(下议院)。每年冬天,两院在华盛顿国会大厦开会制定国家的法律。

参议院由各州各选派2名成员组成,他们由各州立法机关任命,任期为6年[1]。

总统是政府首脑,他的职责是根据国会制定的法律确保政府法令在全国范围内得以执行。

司法机关由几名法官组成,他们的职责是解释并实施国会所通过的法律。我的意思是说,如果两个人发生争执,案件将交由这些法官处理。在全面了解情况以后,法院会依法裁决。

众议院的成员由各州的人民选举产生,每4.7万居民中产生1名议员[2],因此,大州比小州的议员多。例如,纽约州有40名议员,而罗得岛州只有2名。

制定法律的过程是这样的:一些议员把所谓的议案提交众议院或参议院审议,如果获得多数同意,议案便送交国会审议;如果国会多数同意,议案送交总统,如果总统签字,议案就生效成为法令。

现在让我提醒你们,美国人口约为1400万[3],既有自由人,也有奴隶。这个大家庭的政府制定法律,如果法律好,人民高兴;如果不好,人民就遭殃。因此,法律制定者的善良和英明是多么重要啊!

44 联邦政府（三）

我说过，总统是政府首脑，无须赘言，他日理万机。主要有四个部长协助他的工作。一个是国务卿，一个是财政部长，一个是国防部长，一个是海军部长。部长组成委员会，模仿英国内阁会议，称作内阁。另外邮政总长和司法部长也会参与协助总统工作。

在华盛顿的总统府附近，你会看到四座建筑物，它们被称为四大部门。假如你去参观国务院，在其中一个房间里你会见到美国国务卿，他的主要职责是处理外交事务，从这一点上来看，他的职责与英国的外交大臣相似。

你会发现他正忙于批阅文件，其中许多文件是美国驻世界主要国家的大使们和其他机构寄来的，告诉他那些国家的情况。

如果再去其他房间，你会看到很多职员在伏案疾书，你很快就会得出结论——主管该部门各种事务的国务卿公务缠身。

假设你现在参观财政部，你会发现这里同样是一派繁忙的景象。你必须记住，维持政府机构的正常运转需要大量的金钱。总统年薪2.5万美元[1]；部长年薪0.6万美元[2]；

[1] 从美国第一任总统乔治·华盛顿开始，美国总统和副总统的工资标准都由国会制定，现在美国总统的年薪为40万美元。

[2] 现在部长年薪为22万美元左右。

议员日薪8美元[1]。

除此之外，还有军队的开支；邮政的支出是1万美元[2]。总而言之，政府部门雇佣的人员有20万人[3]，每个人都要有报酬。

你知道这么一大笔钱是从哪里来的吗？一共有两个渠道：一是来自西部地区的卖地款。这些地都是从印第安人、法国人和西班牙人那里买来的，或者通过战争得来的，政府有数百万英亩这样的土地；二是来自海关对国外进口商品征收的关税。[4]联邦政府除此之外没有其他财政收入，也不能设立其他税种，因为美国所有的税种和税收都由州政府制定和占有。

许多船只将糖和咖啡从西印度群岛运来。刀叉、印花棉布、条纹棉布、法兰绒、毛料衣服、猎枪、锁、锯、灯等从英国进口。丝绸、手表、钟表和珠宝从法国进口。还有意大利西西里岛的葡萄酒、士麦那[5]的无花果和中国的茶等来自世界各地的各种物品。

载有外国进口货物的轮船到达时必须报关，国会制定的关税在这里缴纳，然后将这些税款上缴美国财政部。财政部长负责征收这笔巨款并支付政府雇员的薪金。

国防部长负责军队的事务，在和平时期，他的职责是管理分布在全国各要塞的五六千军人、海军船厂等军事部门[6]。

海军部长监管属于政府的各种船只，你会发现他像国防部长一样没有闲暇。

[1]现在普通议员年薪为17万美元左右。

[2]1971年，经国会批准，美国邮政部改制成为一家自负盈亏的独立政府机构，称为美国邮政局。其运营经费主要来自邮资及邮政相关产品和服务的销售收入，必要时可以向美国财政部请求借款。

[3]现在大约为200万人。

[4]现在收入主要来自个人所得税、公司所得税、社保税、遗产赠予税、物种销售税等。

[5]土耳其西部港口城市，今称伊兹密尔。

[6]1958年的《国防改组法》使国防部长在财会、科研、后勤等方面均有更大实权。除此之外，还统管陆、海、空三军。

邮政总长负责全国的邮局。如果你在波士顿写信给新奥尔良的朋友，你只需把信投进邮筒，信就会到达千里之外的朋友手里。

这是多么令人钦佩的发明啊！你可以把你的想法和感受传向远方，并且具有保密性，只有收信人才知道。

正是通过美国的众多邮局我们才能够了解全国各地的情况。邮局可以使相距数百英里的两个人进行商贸活动，也可以使相距数千英里的朋友保持联系。毋庸置疑，邮政总长为了保持邮局这台神奇的机器正常运转有很多事要做。

这就是华盛顿的政府部门。这些部门让你明白，管理像我们这样的一个大国需要考虑方方面面。总统要统领全局，因此他必须是博学多才、勤奋上进的人，只有这样，他才能忠实而圆满地完成肩负的重要使命。

美国总统是这样产生的：每个州选出选民，然后这些选民再去选举总统。总统任期为四年，但是宪法没有限制同一个人四年后必须离职或终身连任[1]。我已经说过议员是如何产生的了，总统任命他的部长、邮政总长、驻外国特使和许多其他公职人员，但必须由参议院批准这些任命。

[1]根据美国宪法第22修正案，任何人当选总统职务不得超过两届。

45 州政府

　　我刚刚讲过了联邦政府是华盛顿，但是我们的国家有很多不同的州，每个州都有各自的政府。

　　这看起来似乎让人有点迷惑不解，但稍作研究很容易理解。你只需记住联邦政府是负责处理某些重大事情的，这些事情关系到每个人的切身利益，其中主要有军队、商业等。其他事情则由州政府处理。

　　因此，每个州的人民选举本州的州长、法律制定者，并任命法官负责法律的解释工作。每个州政府分为行政、立法和司法部门。

　　州长是行政主管，他的职责是管理本州的公共事务，确保一切按法律进行；立法机关制定法律，由人民选举产生的参议院和众议院组成。

　　司法部门由许多法官组成，他们在不同的地方开庭审讯犯了罪的人，平息人与人之间的争端。

　　为了理解州政府的运作情况，我给你讲一个故事。

　　一天晚上，一个人骑马独自穿过一片树林，虽然夜色黑暗，但他还是发觉有两个人站在路边。当他走近的时候，那两个人抓住了马缰绳，把他从马上拽下来，抢了他的手表和所有的钱,然后迅速地逃跑了。

这个人鼻青脸肿地来到了下一个镇子并告诉人们他的不幸遭遇,几个人立刻去追捕抢劫者。清晨,他们在离抢劫现场不远的树林里发现了两个人。这两个人被捉起来,简单查问之后,他们被关进了监狱等待审判。

几周后,法官在法院集结,另有市民选举出的陪审员。然后两个嫌疑犯被带到法庭进行辩护。被抢劫的人讲了事情的经过,并说这两个人好像是抢劫者,但他不敢肯定,因为天太黑了。然后,抓住嫌疑犯的那些人出庭作证,证明他们在两个嫌疑犯身上搜出了被抢人的手表和装满钱的钱包。

这些事实使陪审团相信这两个嫌疑犯就是抢劫者,因此陪审团做出了嫌疑人有罪的裁决。最后法官宣判:抢劫者被判十年监禁并且罚做苦工。

我讲这个故事是为了让你明白几件事:法治国家禁止抢劫、谋杀等罪行;如果有人犯了这样的罪,法律规定他将被审判、定罪并惩处。所以你看,法律不容许人伤害他人,因此,不公正和残忍的行为就会很少发生。

这样,法律成了保护人民的工具。因为有了法律,人民对其所拥有的房子、土地、金钱、货物等才有了安全感。如果没有法律,一切将陷入混乱之中,所有人的财产都不安全,强壮的人会去抢夺虚弱的人,暴力将替代公正。

还有几件事需要注意:首先,罪犯被定罪之前必须经过法庭公正的审判；第二，大多数案件由法官和陪审团共同审理。陪审团的职责是听取证据，依据事实判定当事人是否有罪。裁决给出后由法官依据法律条文对罪犯做出处罚。

但是，惩处罪犯不是政府唯一的工作，我们的公路、法院大楼、校舍和许多其他设施都是政府组织修建的。

为了更轻松地管理州政府的事务，州内部又分成数个县，每个县都有法院大楼、法庭和监狱，各县官员还要管理公路。在北部和中部各州，县又细分为市，各市官员负责学校、平民和其他当地居民的利益。

我想，此时我的小读者们可能会认为关于政府和法律的故事很可笑，与你们无关。但我要说，如果没有政府和法律，你们就不会有安稳的家，你们家的财物就有可能会被抢走；晚上你们就不能坐在暖暖的炉火旁，在父母的保护下平平安安、快快乐乐地长大了。

如果没有法律，就没有教你们读书识字的学校，就没有舒适的公路。因此，不要拒绝学习这些枯燥的章节，因为年轻人也应该像成年人一样关心政治。

46 政府总论

想了解我们的国家,最好将其与其他国家进行比较。我们国家的政府和法律是出于人民或人民代表之手,管理政府的官员也是人民选举出来的,因此我们的政府是共和政府。

在其他一些国家,政府不是由民众组成,而是由一小部分人组成,国王至高无上,民众的选举与他毫无关系。他死了,通常由他的大儿子继承王位,他执政一直到死,这种政府叫作君主政体。

欧洲国家通常由国王统治,国王住在豪华的宫殿里尽享荣华富贵。他们脱离民众,与民众极少联系,只接触权贵,过着与世隔绝的生活。

为了构建一个适合国王生存的社会,某些家庭被赋予某些头衔:公爵、伯爵和男爵等。这些被尊称为"大人"的人们,连同他们的家人通常被看作高人一等。

这种制度下的政府和法律不是公正的,它赋予某些人利益,别人却得不到,其结果是,少数富人趾高气扬,多数穷人低人一等。

在美国,没有统治人民的国王,没有公爵、伯爵和男爵,这里的法律是平等的,给穷人和富人以同样的保护和权利。没有国王授衔,只有人民可以对那些为公众做出贡献的人赋予头衔。

因此,我们的国家与其他大多数国家的区别在于,我们的国家是自由的国家,而其他国家都或多或少地受到专制统治。在我国,人民可以自由地以自己的方式追求幸福,当然前提是他们不违反法律。不管大家喜欢与否,我国没有"主人"这个称谓;政府是他们自己的,是他们为自己量身定做的;从总统到公职人员都是他们的代理人和服务员,他们可以推举这些人上台也可以要求他们下台。

在国王统治的国家,人民没有自由,政府是强加给他们的,他们必须接受它,不管他们喜欢与否。

然而,政府之间有很大区别,好的国王有时以仁慈的方式精明地治理国家;在一些国家里,国王的权力受议会的制约,相当于我们的国会,这样人们的意愿就会得以部分体现。英国就是这样的国家,那里的人们享受很大的自由,同样的情况还有法国等国家。

总体而论,我们有充分的理由热爱我们的国家,不仅仅是因为它是我们自己的国家,还因为它有极好的社会制度。这种社会制度保护所有人,不分穷富,不分强弱。它使人人平等,它就像天上的太阳一样普照芸芸众生。

47 城市和城镇

　　我希望到这个时候你已经知道政府是怎么一回事了。在美国,我们有国家政府来规范贸易和管理陆军、海军和邮政总局等。国家政府有时被称为联邦政府,因为它是所有州的联合体或同盟体。由国会来制定联邦政府的法律,总统是政府的首脑。

　　除了这个一般政府,各州有自己独立的政府,有州长、立法机关和司法机关。

　　我告诉过你,州下面有县,每个县都有几个城市和城镇。城市通常建在靠海边或河岸的大地方,许多船只来这里进行贸易活动。

　　在城市里,铺设街道、提供夜间照明,组织巡夜者在夜间巡视防抢防盗,并在房屋着火时及时报警,这些都是城市必需的。

　　为了管理所有这些事情,城市和城镇允许拥有自己的政府。政府负责铺设街道、提供路灯照明。他们建立警察队伍,包括巡夜者、巡警等,以此保证人民的安全。

　　纽约是美国最大的城市,是世界上最繁华的地方之一。它坐落在曼哈顿岛南端。

如果从水上接近纽约,你会对这里的繁忙景象感到十分吃惊:滑行船正开进来,一些来自波士顿和新英格兰的其他地区,一些来自南方的州;海船则来自欧洲、非洲和亚洲。

纽　约

沿岸贸易船和海船满载各种货物:有来自缅因州的木材;有来自马萨诸塞州的鳕鱼和鲭鱼;有来自康涅狄格州的鸭子、鹅、鸡蛋、黄油和奶酪。有的船装的是费城的煤炭,萨凡纳的棉花,巴尔的摩的面粉,新奥尔良的猪肉、糖和烟草;有的船装满了从外国进口的香料、茶叶、咖啡、丝绸、布、铁制品、橘子、菠萝、柠檬和许多其他的东西。

许多船只进港的同时,也有许多船只满载货物离港去往不同的地方。在这些船当中,你会看到无数的小船像鸟

一样滑翔,还有许多汽船喘着粗气,溅起浪花,似乎在说:
"别挡道,不然我就让你们沉没!"

如果你进入城市,你会看到更加繁忙的景象,百老汇
是主要街道,从早上到深夜人流不断。

这条街道世界闻名,关于这条街道我可以讲上一个小
时。纽约还有许多漂亮的街道和广场,那里总是人头攒
动,他们步履匆匆,好像在急切找寻他们感兴趣的东西。
纽约还有许多美妙优雅的房子:英国人崇拜的大教堂和尖
塔;华丽的市政大厅由汉白玉砌成,面朝公园。

费城也是美国著名的城市,它的布局呈方形,像棋盘
一样,街道交叉恰到好处。房子通常建得很好,很漂亮。
有些外表很平常,但很坚固,住起来十分舒适。

费 城

美国银行可能是目前美国最好的建筑了,它由白色大理石砌成并装饰着有凹槽的圆柱,气势宏伟。宾夕法尼亚银行有着更简朴端庄的外表,但也很漂亮。证券交易所是商人们谈生意的地方。邮局也在这里,是一处美丽的建筑。

波士顿是美国新英格兰地区最大的城市,有些区域漂亮至极。波士顿公园是个漂亮的地方,尤其是在夏天。我没有必要给波士顿的小读者们讲蛙池,但没有见过蛙池的人可能想听听。蛙池在公园的中心。在温暖季节,孩子们在这里划船,教他们的狗游泳;在冬天,有时你会看见上百人在这里滑冰。

波士顿州议会

州议会是一处雄伟的建筑,它矗立在高高的山上。昆西市场是一幢漂亮的花岗岩大厦。国王礼拜堂是一个很结实的老教堂,教堂不是很大,是大革命之前建造的。特里蒙特饭店是一个十分优雅的建筑,可以说远近闻名。

美国还有许多其他的城市和城镇,其中有马里兰州的巴尔的摩、南卡罗来纳州的查尔斯顿、路易斯安那州的新奥尔良、俄亥俄州的辛辛那提、肯塔基州的路易斯维尔、罗得岛州的普罗维登斯和缅因州的波特兰。我还可以列举出很多,怎奈篇幅有限,我只能让你去看地图了,地图会告诉你上述地方的情况和许多其他方面的事情。

波士顿特里蒙特街

如果我们将注意力转向外国,我们发现有许多城市比纽约大得多:英国的伦敦、土耳其的君士坦丁堡、中国的北平[1]等。

在外国人看来,我们的城镇和他们的城镇有相当大的不同:我们最古老的城镇不过几百年历史,而欧洲、亚洲和非洲的一些城镇有一两千年的历史,甚至更久远。在这方面,我们的城镇有着更新鲜的面孔。而在很多国外城镇中,你会发现一些建筑有上千年的历史。我承认在那些城镇中,当地人把这些建筑看作古迹并以此为荣。百年老房被认为很古老,但又弯又窄的街道更古老,这样的街道和建筑遍及全欧洲。新的建筑拔地而起的同时,老的建筑正在被拆除。

在古代,人们习惯在城市周围建造高高的石墙用于战时防御。在英国,大多数这样的城墙已经拆除,剩下的几处也是破败不堪。但是,欧洲、亚洲和非洲的大多数城市现在依然用城墙作为防御。

我们的城市与外国的不一样,但美国较小的城镇和村庄与东方大陆的城镇和村庄更不一样。我们乡村的房子多用木头建造,在新英格兰地区,房子通常涂成白色,房子不是成片地建在一起,而是相隔很远。

教堂或会堂通常为木质结构并涂成白色。教堂里所有东西似乎都表明这城镇是新生的。经常有这种情况:古老印第安人的树桩依然矗立在几千人的村庄附近甚至村里。这表明村庄的历史不超过30年；因为这些树桩即使不被清除，最多只能存留30年。

欧洲的城镇和村庄与此大不相同。房子一般是用毛石加黏土或砂浆砌筑而成。它们聚集在一起，就像酒窖中的瓶子一样。房群之间是阴暗狭窄的街道。教堂一般用石头建成，有几百甚至上千年的历史。至于房子（我现在说的不是英格兰），砖比石头更常见，涂成白色的村舍、别墅和乡村教堂不断呈现在眼前。

欧洲的村庄通常外表肮脏不堪，它们位于郊区，不通风、不敞亮，令人压抑。美国的许多房子都是如此。

美国村庄一瞥

48 农业和其他财富来源

美国有 1400 万人口，其中约 2/3 的人从事农业[1]。农业很重要，因为我们的食物几乎都是通过耕种土地得来的。商业和制造业为我们提供衣服、房子、家具和许多精美的东西。

农业生产为我们带来了多少好东西啊！小麦和黑麦做成了面包；玉米养肥了猪，或做成布丁；燕麦喂马；荞麦做成了蛋糕和松饼；土豆、豆角、豌豆、大米、棉花、烟草、麻、亚麻、甘蔗以及各种各样的水果和蔬菜，这些都是农业的结晶。

除此之外，农业为牛马生产了多少干草啊！喂养了成千上万只羊，无数的牛、马、鹅、鸭、火鸡和猪！

在新英格兰地区，冬季长，夏季短，土地不是很肥沃，大部分的居民致力于伐木业（我将一点一点解释）、制造业、航海业、渔业、商业。尽管土地不是很肥沃，农民们依然用勤劳和智慧获取土地的回报。他们种植小麦、黑麦和大量的玉米。他们也种燕麦、大麦、荞麦、牧草，并在菜园里种植蔬菜。总的来说，新英格兰地区的农产品可以满足当地居民的需要，但他们被迫从美国其他地区购进小麦、面粉、大米和燕麦。说来奇怪,在过去的几年里,美国还从英国进口小麦。

中部各州物产丰富,当地居民不仅能够自给自足,还将大量的小麦和面粉销往全国各地乃至国外。

在马里兰州和弗吉尼亚州,人们种植烟草。在其他南方各州,人们种植大量的棉花和水稻。在路易斯安那州,人们种植甘蔗,从中提取大量的糖。在西部各州,人们种植棉花、烟草、小麦和玉米,产量之大令人吃惊,他们也饲养许多牛和猪。

美国每年的农业产值是巨大的。但农业不是美国财富的唯一来源,各种矿山的年产量巨大。煤矿、金矿、铁矿、铅矿等产值巨大。除此之外,还有铜矿、石墨矿、钴矿、铋矿和硝石矿,这还不算上花岗岩、大理岩和毛石采石场。

上述情况表明美国有很多人在工作,但是我们的同胞们不满足于在地球表面耕种、锄地、耙地,在地球内部挖掘矿藏。你一定还

棉花、烟草、甘蔗

记得,有些人喜欢在森林里游荡,捕捉野生动物以获取动物的毛皮。还有更敢于冒险的人去海上谋生;去深山野林砍伐树木,将树木变为木材和船用木材。我提到了伐木业,而伐木业包括制作面粉桶和猪肉桶的桶板和顶盖,用木瓦片替代石瓦片用于屋顶等,还有的人从树上提取树脂和柏油用于造船。

森林中的猎人

如果篇幅允许,我真想给你讲讲猎人和设陷阱捕兽人的野蛮冒险,他们去西部的荒野狩猎熊、野牛、海狸、鹿、狐狸、貂、水獭、猞猁、浣熊和其他四足野兽,目的是为了得到这些动物的毛皮。

　　我想说,马萨诸塞州的人一生都在捕捉鲭鱼、鳕鱼和其他鱼。那些大胆的家伙在楠塔基特岛登上大船,游荡于地球上的每片海洋,寻找鲸鱼和海豹,回来时满载鲸油、鲸蜡、鲸骨和海豹皮。

捕鲸船

　　关于我们的贸易我有很多话要讲,因为我们的商船无处不在,每片海域上都有我们的白帆。就在我写这本书的时候,成百上千的商船正航行在大西洋、太平洋和印度洋上。一些商船把我们的棉花、烟草、面粉和其他农业、制造业的产品运往遥远的市场;而另一些商船则从世界各地吃力地运回茶、香料、丝绸、染料、葡萄酒、葡萄干、无花果、橙子、柠檬、时钟、手表、餐具、亚麻和羊毛商品以及其他成千上万的东西。

海上运输货物的价值很大，我想我们的年出口额（我国卖往国外的商品）高达1亿美元，而我们的进口商品（我国买入的商品）价值高达110亿美元。你看，海上贸易（我们叫作外贸）多么巨大啊！

现在我来讲讲我们的产品。我想你听说过洛厄尔吧，那是一个制造业发达的城市，每年生产数不清的被单和衬衫布料、印花和条纹布料。斯普林菲尔德、波塔基特等地都是著名的制造业基地，但我现在没有时间来讲述它们。

我只能告诉你，当新英格兰地区的人们发现他们当地的气候恶劣，土壤贫瘠时，他们不得不寻求各种致富途径。许多人奔向大海，把鲭鱼、鳕鱼、海豹和鲸鱼换成了金钱。还有人进入森林把熊和海狸的毛皮变成了黄金。有人耕种土地，有人开办学校，有人传教布道，有人沿街叫卖，有人行医治病。

但仍有许多人没有从事以上行业，而这些不甘寂寞的美国人把注意力转向了各种制造业。在这个城镇，很大一部分居民致力于制鞋，而在另一个城镇，人们专门编织草帽。木制时钟、纽扣、毛料衣服、棉制品等都有集中产地。因此人人有工作，人人有饭吃，人人都在为国家的安康富足而尽力。有人在达克斯伯里为国家提供木制碗、汤匙和其他木制器皿，我们戏称这些东西为"达克斯伯里瓷器"。

中部各州的土地相对肥沃，人们大多从事农业生产，但依然有相当数量的制造商，尤其在纽约州、新泽西州和宾夕法尼亚州更多。纽约州的罗彻斯特面粉厂、新泽西州的帕特森棉花工厂和宾夕法尼亚州的匹兹堡铁厂都很有名气。

除了这些地方以外，中部各州还有其他许多地方在从事制造业。有很多不起眼的小型制造业，但它们的产品包罗万象。甚至在大城市，人们似乎也在做买卖或者开旅馆，在珠宝业和其他精品产业有许多不错的工作。

南部和西南部各州主要从事农业，那里的体力劳动几乎完全由黑人奴隶承担。他们擅长在炎热的地方培育棉花、烟草、水稻和甘蔗，但在以下方面不是美国白人的对手：捕熊和海狸，用鱼叉捕鲸，为轮船导航，经营纺织厂等。

在西部各州，肥沃的土壤对人们的诱惑很大，他们把主要精力放在耕作上。这里盛产小麦和玉米，制造业对他们没有吸引力。他们会在大草原上捕捉野牛，他们周围没有鲸鱼。因为他们离海洋太远，无法从事贸易。

尽管如此，在俄亥俄州和肯塔基州还是有大量的棉花和羊毛加工厂，并且，制造业在与日俱增。

到此为止，我已经尽力让你对美国的财富来源有个大概的了解。不难看出，农业、商业、造船业、航海业、制造业、渔业、狩猎业、伐木业等让数以百万计的人有了工作和饭碗。

49 运 河

据说,很多年以前,西班牙有些人向政府提议在本国的一个地区修一条运河,以便更经济更便捷地运输货物。这个提议交由修道士议会定夺。经过再三考虑,他们宣布:如果上帝认为水应该在提议修建运河的地方流过,他就会在那里提供自然形成的河道。政府认为他们言之有理,于是就放弃了这个提议。

但是这个国家的人民对此看法不同,他们认为利用上帝赐予的便利条件和优势理所应当,如果河水在需要的地方流淌就利用它;否则,就需要开凿通道跨越峡谷穿过高山形成人工河道,以便装载货物通行。

美国最长的运河,同时也是世界上最伟大的运河之一,是从纽约州境内的奥尔巴尼到布法罗的运河。它叫伊利运河,全长363英里。这是美国首个伟大的运河工程,工程费用由纽约州支付,全部费用约为900万美元。

这条运河始建于1817年,竣工于1825年。运河让人受益匪浅,于是,其他地区又修建了很多运河,许多已投入使用。

为了让你了解运河带来的好处,我们来看看伊利运

布法罗一瞥

河。它从伊利湖延伸到哈得孙河。

假定你是运河沿岸的农民,这里土地肥沃,适合种植小麦。如果你有1000蒲式耳[1]小麦,你可以把它放到一艘船上顺运河而下到达奥尔巴尼,运费很低。如果你种植玉米、燕麦或其他农作物,你可用同样的方式将它们运抵市场。不仅如此,生活在伊利湖周围的农民还可以把他们的农产品用船运到布法罗,再装上货物运抵奥尔巴尼。

[1]1蒲式耳约等于36升。

伊利运河

通过运河，各种各样的农产品被运到奥尔巴尼，再从那里运抵纽约。如果没有运河，这是绝对办不到的。在美国，你会听到罗切斯特面粉和萨莱纳盐，这些商品在波士顿、纽约和其他较大城市的集市都有出售。我要提醒你，它们都是通过伊利运河运来的，但这个伟大的工程在大西洋市场是见不到的。

新英格兰地区也有许多运河，但规模不大。宾夕法尼亚州有几条运河，其中一些成本巨大，但效用也大。通过这些运河，大西洋沿岸各州的很大一部分无烟煤被运往各地。

寒冷的冬夜，当你坐在燃烧着拉克万纳煤的暖暖的火炉旁时，记住，如果没有宾夕法尼亚的运河，那么让你温馨舒适的煤就不可能到达你的火炉中！

我不能给你逐一讲述美国的运河，它们太多了，总之，它们给国家带来了巨大的好处。如果你去奥尔巴尼，我建议去看看那片水域，满载农产品的船从那里沿伊利运河而下，这将使你对这个伟大的工程的重要性有所认识。

在那里，你会看到很多船满载各种农产品，有些船装的是小麦，有些船装的是面粉、燕麦、大麦等，还有些船装的是盐、木材、牛肉、猪肉等。这些东西被运往三五百英里以外，甚至更远的地方。

现在你知道为什么用运河运这些货物了吧？道理很

奥尔巴尼一瞥

简单：运河运输比其他任何方式都便宜得多，容易得多。如果没有运河，从布法罗运一袋面粉到奥尔巴尼的运费可能是6美元，而走运河只需50美分。

货船通过运河把人们的农产品运往奥尔巴尼的同时，还运回了糖、蜂蜜、茶、胡椒粉、印花布、衣服、刀、叉以及从国外进口的日常用品。因此，纽约州与哈得孙河以及伊利湖沿岸的交往就形成了，人们以廉价便捷的方式把他们的农产品运抵市场并运回他们所需要的东西。

这种运河上的国内贸易很重要。如果你有机会去费城，就会看到那有大量的箱子和包裹，上面标有西部不同地区人们的姓名，其中有些人远在千里之外。这些货物主要靠运河运到匹兹堡，再从那里运往辛辛那提、路易斯维尔、圣路易斯，还有一些运往新奥尔良和密西西比州的所有城市。

在匹兹堡，你会发现大量的面粉和其他农产品从俄亥俄州运来，再从那里通过运河运往费城。在此你又一次体会到这些运河为大西洋和西部各州的人们提供了交流的机会，运河使人们互惠互利。现在一桶面粉从肯塔基州的路易斯维尔运抵费城只需50美分，而从前的费用是现在的10倍！

50 铁路、汽船和邮路

　　相对于运河来说,铁路是一个更现代的发明。铁路造价非常高,1英里的成本就需要2万美元。所以50英里长的铁路就需花费100万美元。如果丘陵地带还需要修建双轨铁路,那么造价就得翻倍。但是,蒸汽驱动的火车在铁路上高速行驶所带来的便利促使很多如此昂贵的工程在美国竣工了,还有许多已经破土动工或正在设计之中。

　　人们发现火车载着旅客从一个地方到另一个地方太便捷了,在一些线路上取代了驿站马车,甚至是运河上的货物运输。火车的速度太快了,平均时速15英里,有时甚至高达30英里[1]!

　　铁路是新生事物。火车刚开始运行时,它冒着浓烟咆哮而来,动物们震惊的神态很可笑。两三年前在宾夕法尼亚州,一头公牛碰巧在田野里第一次看见火车来了,它似乎以为是什么怪兽,于是下定决心一决雌雄。它扬起尾巴,飞奔下山想用犄角去顶车厢。但是野牛跑得太快了,结果四脚朝天滚下了山坡。

　　你听说过从波士顿到马萨诸塞州的伍斯特铁路吧?伍斯特铁路附近有一家面对铁路的精神病院。当火车首

[1]蒸汽机车的最高时速是126英里,该记录由英国的4468号马拉德于1938年创下。

177

次驶入伍斯特的时候，一个住院好几年的精神病人正往窗外观望，他看到火车疾驶而来惊愕不已："好家伙！怪兽的腿那么短，跑得却那么快！"

蒸汽火车

我不能讲述美国所有的铁路，只能告诉你如果你在波士顿，你乘火车去26英里外的洛厄尔，一个半小时就到了；或者用两个半小时去40英里外的伍斯特；也可以用同样的时间到达普罗维登斯。

在纽约州和宾夕法尼亚州有很多铁路，还有一些在修建中。在其他地区，也有很多铁路建成或已经开工或正在设计中。在不远的将来，铁路很可能将在全国范围内修建。铁路让人们的旅行快捷和舒适。以前从波士顿到普罗维登斯需要一天的时间，但是现在你可以在波士顿吃完早饭后再动身去普罗维登斯,在那里逗留两个小时,然后回到波士顿吃晚饭。

虽然人类生来没有翅膀,但他们的旅行速度几乎与空中的飞鸟一样快。

如果篇幅和时间允许,我要特别讲述一下美国的汽船。美国的汽船还没有像英国汽船那样横渡大洋,也没有过海上长途旅行的经历。它们一般只是往来于河上或者大西洋边上的海湾。汽船速度为每小时 10 ~ 12 英里,专门运送旅客和货物。大型的汽船长约 200 英尺。

汽船速度快得惊人。哈得孙河上有许多汽船往来于纽约和其他沿岸的城市之间。奥尔巴尼和纽约之间的距离是 150 英里,用时一般为 10 小时。这些船可以携带 500 名乘客,一天之内就有 5000 人往来于这条河上,每年的客流量可能有 100 多万人。

不仅仅在这条河上有汽船行驶,美国大大小小的河流上都有汽船,有些河上多达数百艘。密西西比河及其众多支流上就有很多汽船在行驶,有的载重近 1000 吨,能航行2000 英里。

我们的汽船在世界上处于领先地位。我们的汽船数不胜数,速度很快,样式美观,可与其他国家的相媲美。但必须承认,事故也时有发生。

英国的运河和铁路很多,汽船比美国的造价更高,性能也更完善。荷兰地势平坦,运河星罗棋布,其他大多数欧洲国家也有运河。荷兰、比利时、奥地利、法国、德国、希腊以及欧洲的其他地区正在修建铁路。

中国的运河举世闻名,其中一些是几百年前修建的。京杭大运河长约700英里[1],是世界上最长的运河,它与多条河流相连。汽船和铁路在非洲和亚洲则几乎无人知晓。[2]

美国的公路连接全国各地。主要城市之间的公路修得都相当好,但西南部各州的公路一般都很差。从华盛顿到伊利诺伊州那条令人羡慕的公路是由美国政府修建的。但总的来说,我们的邮路还远远赶不上英国和其他的欧洲国家。

[1]应为 1116.6 英里,即 1797 千米。

[2]汽船和铁路是第一次工业革命的产物,发明于19世纪初期,最初在欧洲、北美洲得到应用,然后才随着英、法等国家的对外殖民活动传到亚洲、非洲等地。

51 礼仪和习俗(一)

大部分美国居民是英格兰人的后代,因此,这个国家的主流语言是英语,礼仪和习俗与英格兰人相似。我们的房子以及房子里的家具,吃、喝、睡的方式,教义和仪式,耕作模式,旅行方式也与英格兰人相似。

与此同时,我国的特殊气候,我们的政府以及其他方面的原因给我们打上了独特的烙印。虽然从根本上来讲,我们的礼仪和习俗沿袭了英格兰人,但在许多方面又与英格兰人不同。

美国分为四个地区[1]：新英格兰地区（或东部地区）、中部地区、南部地区和西部地区。现在英语在这些地区是主流语言。

就语言而言，某一地区与其他地区的区别仅仅在于个别单词的发音、语调，个别短语的不同。在相同的场合下可能使用他们独有的方式表达。比如，一个来自东部的人可能会骂某人"像熊一样粗鲁"，而一个居住在密西西比河岸的人会说"像鳄鱼一样野蛮"表达同样的意思。

尽管语言一样，但四个地区的礼仪不同，新英格兰地区一年间大多天气寒冷，土壤贫瘠。这里的居民必须精打细算，用勤劳换取生活的安逸。

因此，新英格兰人必须勤奋节俭，这些性格特点由于新英格兰首批殖民者对整个群体的训诫和榜样作用得以强化。在大多数情况下，这些人大多是当时英格兰一个教派的虔诚的清教徒，他们反对奢侈和放荡，同时全身心地投入到了人类生活中重要的和有益的事务当中。

在清教徒的影响下，加上严酷现实的需要，新英格兰人从一开始就打下了财富积累的基础，起码自给自足，他们不把时间浪费在做白日梦上，不期望天上掉馅饼。

当然，新英格兰人受过良好的教育，因为他们的父辈知道后代要独闯世界，所以父辈们在新英格兰各地开办了学校。

[1]按照不同的理论，美国本土的48个州现在被分为七大或九大或十大区域。其中最传统的划分方式为：新英格兰地区、南方地区、中西部地区、中大西洋地区、东南地区、上密西西比河谷地区、落基山区、太平洋沿岸地区以及西南地区。

因此,年轻的冒险者们身带两样有利的东西便开始了创业之旅:一是获取成功的意志,二是获取成功的手段。他们并不总是满足于循规蹈矩。

假定佛蒙特州的一个农民有六个儿子,第一个儿子也许会一生追随父亲。第二个儿子可能会先当老师,然后学习法律,在法庭上得到磨炼,进入议会,最后当上州长。

第三个儿子可能徒步去了波士顿,先在驿站开车,然后在酒馆的吧台干上一段时间,最后被聘为某个商店或仓库的店员,在那里他得到了雇主的信任,21岁开始当学徒,很快成了知名商人。第四个儿子可能是个放荡不羁的家伙,他先去当海员,由于他生性狂野,最后当上了定期邮船的船长,50岁时已经是一位久经风霜的海员,带着丰厚的薪金收入退休。

第五个儿子也许是个小贩,在南部各州卖了六年的洋铁器具。后来他参加了一次落基山脉的狩猎之旅,回来时,他在密西西比河的汽船上做了一名船员,然后作为音乐生涯的转折点,他加入了一个大篷车野兽表演队,在美国所有的主要城市演奏黑管。后来他移居到肯塔基州开办学校,然后又迁移到亚拉巴马州一个新开拓的小镇上(小镇上到处是原始森林的树桩),在那里他用积攒下来的两三千块钱开了一家店铺。小镇在扩大,我们年轻的商人发迹了,不久他便拥有了大片的棉田。他精心耕作,棉田一年一年在增多,他成了富有的种植园主,受到周围所有人的爱戴。

第六个儿子最得宠,像大多数宠儿一样几乎被宠坏了。他被送到大学,学到了一些知识就自命不凡。碰巧这所大学学生和老师之间交流很少,一群年轻人在生命最危险的时期没有了领路人,因此他沾染上了坏的习气,带着肮脏病态的心灵走入了社会。他是一个精明的律师,有天赋,也许是天才,原本他前途无量,但他总期望坐享其成。希望落空后,他变得沉迷酒色,丢了朋友,几乎到了被社会所遗弃的地步。好在他毕竟是新英格兰人,父亲的正直榜样,母亲的谆谆教诲助了他一臂之力,经过正义与邪恶的斗争,他改掉了好逸恶劳的恶习,把邪恶踩在了脚下。他大胆地搬到了密西西比河广阔的河谷中一个新开拓的小镇上,他在法庭附近开设律师事务所。他很敬业,40岁时当上了本州首席大法官,受到了人们的尊重和爱戴。这就是许多新英格兰农民家庭的历史,我讲的是那些通过努力获得成功的人,其中不乏迷途知返者。

52 礼仪和习俗(二)

我以前可能说过外国人把所有的美国人都称作美国佬,但在国内,它指的是新英格兰地区的居民。在南部各州,这个词有侮辱之意,也许南方人真的相信新英格兰人都是一些黑心商贩,以兜售假货或其他拙劣手段为生,这种说法在美国日渐盛行,"美国佬的把戏"说的就是新英格兰人。

治疗这种广泛偏见的有效方法是让持有这个偏见的南方人亲自去新英格兰地区与当地人相处在一起,了解风土人情并熟悉真实的社会环境,回去的时候他就会对以前所有的偏见感到羞愧,那些偏见是不公正的小人之见。

在新英格兰大部分地区,有几样东西很吸引游客的眼球:大量的校舍表明基础教育已经普及;整洁的教堂里众多的信徒表明人们重视宗教;居民区给人的总体印象是居民品德高尚,家庭温馨祥和。

如果游客是南方人,他会怀念家乡人的好客和热心。一开始他真的会认为这里的人对人冷漠甚至排斥,但是不要只看外表,到新英格兰人的家里去了解他们的内心世界,我敢肯定他也会心生爱慕之情。

我说过美国佬忙于俗世的工作,但在安息日,所有的工作都完全停下来了,他们严肃虔诚地度过这一天。美国的节假日很少,7月4日是政治性节日,1776年的这一天,美国当时的13个英国殖民地宣布独立,这一天通常叫作独立日。庆祝活动一般包括公共晚宴和演说。住在不同地区分家另过的孩子们在这一天欢聚一堂,回想儿时的快乐记忆。我说的是东部各州。

在中部各州,虽然英格兰殖民者的后裔占大多数,但也有荷兰人、爱尔兰人、苏格兰人、瑞典人、法国人、德国人以及他们的后代。其中很多人几乎不能讲英语。在宾夕法尼亚州,整个村庄里大部分的居民只会讲德语。

如此混杂的群体很难概括描述,但纽约和费城两大城市的人们在性格方面具有明显的特质。纽约人似乎永远背负压力活力十足,街上永远人流不断,来去匆匆,骑车的、开车的疾驶而过好像在比赛。城市的一切都生机勃勃充满活力,好一派蒸蒸日上的繁荣景象。

费城有着沉稳持重的一面,路人不紧不慢,房子的外观比较朴实,女士的穿着也不那么时髦。街上的行人中有穿土褐色上衣的,有穿贵格会[1]宽边服的,有穿着华丽假装正经贵格会女教徒的,这里的一切确实都有点贵格会的色彩。

[1]又名教友派,兴起于17世纪的英国。

如果你去南部各州旅行,你很快会发现这个国家和人民的许多独有的特质。这里气候温暖,在冬季人们无须煞费苦心去抵御严寒。他们的房子盖得很随意,维护得更是粗心,他们很少粉刷房子,因此,他们的房子没有北方的房子那样整洁的外观。

人们的穿戴同样很随意,总的来说,他们似乎不讲究整洁。他们的交通工具,如轻便马车、运货车和四轮马车等也是如此,什么都是马马虎虎的。马具制作得不够精致或不够合适,交通工具经常很不好使,急需修理。他们似乎生性随意,不修边幅,绝不为了便利而劳神费力。

这也许有两个原因:一是气候致使应对天气的精心防护没有了必要,造成人们的懒惰;二是奴隶制[1]把所有的体力劳动都推给了黑人。

现在是讲一讲美国奴隶制的最好机会。我国有大量的黑人奴隶,他们主要在美国南部和西南部各州。马里兰州、弗吉尼亚州、卡罗来纳州的北部和南部、佐治亚州、亚拉巴马州、密西西比州、阿肯色州、田纳西州、肯塔基州和路易斯安那州,在这些州里奴隶制是合法的,在其他州,奴隶制已被废除或从未存在过。

在有奴隶制的各州,体力劳动通常由奴隶承担,奴隶是财产,可以像房屋、土地或牛一样进行买卖。因此,奴隶终身伺候别人,对所从事的工作没有兴趣,只是应付主人而已。他们完成工作是为了糊口,不可能对工作精益求精。

奴隶制对社会礼仪的影响是显而易见的:白人蔑视体力劳动,他们认为那是黑人才干的事;黑人只做主人要求做的事。在这样的社会里,我们不可能期望整洁有序的习惯,看不到整洁的维护良好的房子、整洁的装束以及便利实用的交通工具。事实是,为了生活的舒适,精打细算、勤勉务实是必要的。这在劳动者不能享受财产的社会是不可能的。

南方的奴隶并不是经常被强迫做苦工,一般情况下,

[1] 1861 年,因为奴隶制的问题,美国南北战争爆发。1862 年,美国总统亚伯拉罕·林肯发表《解放黑人奴隶宣言》,宣布叛乱诸州的黑人奴隶获得自由。1865 年 1 月,美国国会通过了宪法第 13 修正案,规定奴隶制或强迫奴役制,不得在合众国境内存在。同年 12 月,宪法第 13 修正案正式生效,奴隶制正式在美国被废除。

他们吃的和其他国家的穷人差不多。

很多奴隶不会读书写字。忠实地伺候主人的观念早已在他们头脑中根深蒂固,他们心甘情愿地为主人效劳,如果主人善待他们,他们会尽心回报。一位奴隶母亲对自己的孩子可能粗心或者虐待,而对主人的孩子却是无微不至地关心。

这就是奴隶的境况。白人、种植园主、奴隶主以及奴隶拥有者习惯于发号施令,从而形成了他们骄横跋扈的品性。但是,另一方面,他们又慷慨大方、品德高尚并且很爱国;他们热爱朋友,热爱国家;他们热情好客,陌生人总能在他们那里得到真心实意的款待。

种植园主通常拥有大面积的地产,一般有数百英亩。他们的住宅在地产中央,通常与其他房屋相距很远。去他们的家中,无须引荐,你想住多久都可以,东西随便吃。

在西部各州或者说在阿勒格尼山脉西侧和密西西比河河谷,人们的生活方式通常比东部的更简朴。他们有大量的森林野味和丰硕的物产。但是他们的房子通常很简陋,室内装饰也不好。大城市的房子很漂亮,装饰得富丽堂皇。如辛辛那提、路易斯维尔、列克星敦、纳什维尔和圣路易斯,那里的人们享受着商业所能提供的所有奢侈品,茶、糖、咖啡、酒和其他国外的美味,像美国其他地方一样充足。

西部各州的人们坦诚好客,精力充沛,遇到陌生人,他们会坦率地说出自己的身世并期望对方也坦诚相待。他们是冒险爱好者,容易与人发生激烈的争吵,但他们又勇敢、正直、爱国。

限于篇幅,我不能一一描述同胞们的礼仪和习俗了,说实话,在这方面美国与其他国家相比没什么特殊之处,美国的礼节少而简单,人们都忙着赚钱,没有时间或情趣参加假日运动和节日庆祝活动。

在外国,人们也分为许多类别,每个类别都有其特殊的性格特点。如果你去外国旅行,你会遇到很多我国没有的奇风异俗;回国时你会心满意足,因为我们的民族朴实无华、脚踏实地。我国人人平等,总体智商水平高,礼仪简单并且自我感觉良好。

53 历史(一)

我已经简述了美国的地理、政治和社会状况,现在该讲一讲历史梗概了。我不想谈细节,因为有几本书在这方面会给你帮助,我的想法是把你的注意力引导到公共年鉴的重要内容上来。

美国历史可分为三个时期:殖民时期、大革命时期和独立时期。殖民时期从 1607 年首批殖民抵达到 1775 年大革命开始。在这个时期,所有的殖民地都是英国殖民地,属于英国政府。第二个时期是从 1775 年到 1783 年,包括殖民地摆脱英国的统治直到最后战争结束。第三个时期是从独立开始直到被外国政府承认,包括英国的承认。

我想让你快速地了解这三个阶段的梗概。

在 1492 年哥伦布发现整个美洲大陆之前,东半球的人们对此地一无所知,对东半球来说,美洲大陆是一个全新的世界。因为西班牙政府首先发现的美洲大陆,所以西班牙的国民捷足先登。他们喜欢哪里就占据哪里,肆无忌惮地征服或消灭当地居民。

五十年间,他们拥有了西印度群岛、墨西哥和几乎整个南美洲,占据了新大陆最肥沃的地区。当时,葡萄牙是野心勃勃的海上斗士,他们也在新大陆分得了一杯羹,占据了南美洲的一部分,即现在的巴西和其他一些地区。

法国和英国是在西班牙和葡萄牙之后发现的北美大陆,最终英国在北美的大西洋沿岸建立了殖民地。几年后,法国在加拿大和路易斯安那州建立了殖民地。美国境内的第一个殖民地始建于 1607 年,地点在弗吉尼亚州詹姆斯河的一个岛上。同年 5 月 13 日,船长克里斯托弗·纽波特带领 105 名殖民者来到岛上,他们立即着手建起了小屋并将此处称之为詹姆斯镇。

开始的时候一切都很顺利,但不久殖民者随身携带的食物就没有了。他们饥肠辘辘,疾病也随之而来,四个月的时间就有几十人死去了。活下来的人推举德高望重的约翰·史密斯为他们的首领。约翰·史密斯精力充沛、足智多谋，并且有很强的进取心。他很快采取了以修建堡垒来防御的措施。他长途跋涉深入茫茫荒原获取了玉米和其他给养，当时南部地区的印第安人已经种植玉米并且可以拿出一些进行物物交换了。

殖民地终于开始兴旺起来，新的殖民者陆续到来，周围建起了几个城镇。冒险者经历了许多严峻的考验，如瘟疫和与印第安人的血战，但他们克服了重重困难。几年后，大片的殖民地开拓出来了，取名弗吉尼亚。

美国境内的下一个殖民地是荷兰皮货商于1614年在奥尔巴尼的哈得孙河上建立的，哈得孙河是以英国航海家哈得孙的名字命名的，当初是他发现了这条河。同年，另有一些荷兰人在现在的纽约建了一些房子，房子建在一个岛上，印第安人称之为曼哈顿，如今仍有人偶尔这么叫。这些小片的殖民地随着后续荷兰殖民者的到来逐渐扩大，他们无疑是在国内听说了新荷兰。这个名称来自荷兰语New Nedderlandes。因为很少与印第安人交战，也没有受气候的影响，荷兰的殖民地迅速扩大，很快崛起为广阔富有的殖民地。

新荷兰一直属于荷兰政府，直到1664年，英国人在约克公爵（即后来的国王詹姆斯二世）的指挥下攻占了新荷兰，新阿姆斯特丹更名为纽约延续至今。

54 历史（二）

　　新英格兰地区的第一个永久殖民地是在1620年由清教徒移民团在马萨诸塞州的普利茅斯建立的。这些清教徒属于同一教派，有其独特的信念。他们对英国不满，因为英国不允许他们以自己的方式敬拜上帝。因此他们先是移居到荷兰，后又从荷兰来到美洲大陆。

清教徒在新英格兰登陆

他们不是被强迫来的，他们不像西班牙人那样垂涎于金子，也不像其他殖民者那样纯粹为了贸易、商业或其他营利性的投机买卖。他们的主要意图是在新的国家建立一个社区，永久保留他们的宗教、社会、民事和政治见解。同时，他们寻求一个能接纳这样社区的庇护所，远离烦扰。他们自称朝圣者，而不是殖民者，他们当中许多人来自英国的名门望族。

经过大西洋上冗长乏味的航行之后，他们在仲冬时节登陆并马上建立栖身之所。弗吉尼亚的殖民者不得不与疾病做斗争，这些疾病是南方炎热的天气和湿气过重造成的，而来自欧洲的朝圣者却要战胜漫长的严冬所带来的恐惧。

许多殖民者死于饥饿、寒冷和贫困，但幸存者不屈不挠，以坚韧不拔的意志终于战胜了困难。更多殖民者加入到这个殖民地，还有人在波士顿和塞勒姆等处安家落户。

两个殖民地就这样建立起来了：一个是普利茅斯殖民地，另一个是马萨诸塞湾的殖民地。殖民者最初似乎同心协力，但他们当中许多有识之士喜欢讨论宗教话题，于是他们很快陷入争论之中并互相迫害。一个名叫罗杰·威廉姆斯的牧师不同意另一个牧师的观点，因此他被放逐了。他和家人及朋友一起出发，穿过荒野，在一个他称之为普罗维登斯的地方安顿下来，此事发生在1636年。这就是现在的普罗维登斯的由来，也是罗得岛州上第一个殖民地的由来。

威廉姆斯似乎是一个明智、仁慈的人，尽管他身处强大的印第安人的包围之中，并且没有防御措施，但他设法获得了他们的友谊，加上他管理有方，殖民地很快兴旺发达起来。

1633年，由马萨诸塞州的殖民者在哈特福德以北几英里的温莎兴建了康涅狄格州的第一个殖民地。随后，哈特福德、韦瑟斯菲尔德、纽黑文和附近的其他地方也兴建了殖民地。缅因州和新罕布什尔州分别在1628年和1623年迎来第一批殖民，佛蒙特州直到1724年才开始有殖民地。

在这遥远的今天，我们很难体会建立新英格兰地区殖民地所付出的艰辛、痛苦和忧虑。首先，人们不得不与严酷的气候做斗争，因为北美的气候比英格兰的气候恶劣得多，他们需要逐渐适应；其次，他们处于凶猛的印第安人的包围之中。在开始的近五十年间，印第安人欢迎白人的到来，对殖民地的发展没有什么阻力。

但是，精明的印第安人首领终于发现白人在迅速增多，如果不及时遏制，这些人将遍布整个国家。这些白人砍伐森林，把森林狩猎场转换为草地和麦田，把土著居民从祖先的土地上赶走。因此，印第安人决心团结起来，消灭新英格兰地区的英国殖民者。

印第安人会议

　　这个大胆而血腥的计划的领导者是一个名叫菲利普的印第安酋长,英国人叫他菲利普国王。他的城堡在芒特霍普,他们是佩科特人。战争于1675年开始,距大革命只有一百年。印第安人为这场战争投入了大量的精力,显示出非凡的才能。白人也放下手中的农具,拿起武器去迎击敌人。双方有很多冲突和战斗,但印第安人藏在沼泽地和森林里,只是偶尔袭击一些没有防备的村庄并杀人放火。

　　三年间,这样的场面在新英格兰地区的殖民地时有发生,但最终菲利普国王被杀死,印第安人损兵折将、士气低落,灰心丧气地向命运屈服了。

此后殖民者与印第安人还斗争过多次,但在这些斗争中,印第安人并不团结。因此,殖民地在扩大,而印第安人似乎慢慢地从人间蒸发了。

55 历史(三)

现在让我们把注意力转向更南部的殖民地。与纽约州毗邻的新泽西州在1624年迎来第一批殖民,他们是从丹麦来的移民。不久后,荷兰和瑞典在此兴建殖民地,但人口很少。1664年,这个州的殖民地连同新荷兰一并归属了英国。

1681年,贵格会教徒殖民地在现在的费城附近的特拉华州建成。这些人是由地位显赫的富翁威廉·佩恩派遣的,他拥有国王查理二世授予的专利所有权(某些条款有调整)。他亲自上阵,与印第安人签订协议并管理殖民地。他与人为善,又足智多谋,在他的领导下,殖民地欣欣向荣,蒸蒸日上。

马里兰州于1664年迎来首批殖民者,他们是来自爱尔兰的200名罗马天主教徒。特拉华州于1627年被瑞典和芬兰占领,北卡罗来纳州于1650年成为英国的殖民地,南卡罗来纳州和佐治亚州分别于1670年和1732年也被英国占领。

从缅因州到大西洋沿岸的佐治亚州,整个国家都快被殖民者占领了,但阿勒格尼山脉以西还没有英国的殖民地。与此同时,尽管英国人与印第安人仍时有摩擦,并受到欧洲英法战争的不小影响,可殖民地的人口却在增加,形势越来越好。

这些沿海的殖民地属于英国,而北部的加拿大、西部的路易斯安那州(曾经只叫加拿大)属于法国。1756年,一场著名的战争[1]在英国和法国之间爆发,其主战场就在美国。双方都派出大军,都有著名的将军指挥。

两国的目的都是夺取对方的殖民地,许多战役在加拿大边境打响,众多的印第安人加入了双方的军队。这一著名战役期间发生的有趣事件,我只能让你去别的书里了解了,我只讲一讲最重要的大决战。

法国在加拿大的首要和主要的要塞是圣劳伦斯河上的魁北克,圣劳伦斯河边上是一片广阔的平原,人称亚伯拉罕高地。在一个漆黑的夜晚,英军司令乌尔夫将军带领无畏的士兵爬上了岩石,天亮时,他们已经在亚伯拉罕高地布阵完毕。

蒙卡尔姆将军是法军的司令官,他骁勇善战,他知道他必须取得胜利,否则魁北克将落入敌手。不久后战斗开始了,火枪大炮一起开火,死伤遍地。经过一次又一次的

[1]1756—1763年欧洲两大军事集团为争夺殖民地和霸权而进行的一场大规模战争。英、法分属于两个军事集团。

交锋,最后法军大败,魁北克被攻占,乌尔夫将军战死沙场,蒙卡尔姆将军也身负重伤。对英国来说,这次战争算是大获全胜,北美北部所有的殖民地都成为英国的领地,但路易斯安那州仍归法国所有。

56 历史(四)

英军在1759年攻克魁北克,但直到1763年英法两国才真正停战。依据和平条约,属于法国的北部殖民地,包括加拿大、新不伦瑞克和新斯科舍省割让给了英国。

当时英国殖民地有13个(不包括从法国夺取的那些)。它们是新罕布什尔、马萨诸塞(包括缅因)、罗得岛、康涅狄格、纽约、新泽西、宾夕法尼亚、特拉华、马里兰、弗吉尼亚、北卡罗来纳、南卡罗来纳、佐治亚等州。佛蒙特尚在新罕布什尔和纽约的争夺之下,还没有成为独立的殖民地。

英法战争,尤其是英国在北美战胜法国,成了殖民地独立的直接起因。从弗吉尼亚第一个殖民地建立算起,已经过去了将近170年,此时殖民地有300万积极向上的居民,他们经常觉得有必要进行联合防御,他们开始有了民族感。因为他们觉得英国政府已经在嫉妒他们,并设法使殖民地处于贫困虚弱状态,只让他们为英国的繁荣富强尽力,这些更增强了他们的民族感。

英国政府的做法很快激起了殖民者的愤慨。他们热爱英国,因为那是他们父辈的土地,是他们的宗教信仰和道德标准的发源地,他们曾亲切地称英国为家和祖国,他们依附于英国并敬重国王。

最后他们认为祖国在对待他们的政策上完全是自私的,英国政府只把他们当成扩大英国势力范围的工具,不顾及他们是否幸福。这种信念形成的过程是缓慢的,但也是他们不愿看到的。

这种信念在殖民者当中广泛传播开来。议会有权对殖民地征税,却不允许殖民地派代表参加议会,殖民者坚决抵制这一不合理条款。他们坚持认为纳税和代表资格应该对等。换句话说,如果英国政府不允许殖民者派代表参加议会作为他们的代言人,他们就不应该被英国议会征税。

然而议会通过了继续对殖民地征税的几个法案,这引起了殖民者的不满。他们争辩、抗议、请愿,但无济于事。因此他们要挣脱束缚并斩断他们与祖国的联系。

殖民者知道英国是一个强大的国家,拥有大量的军队、骁勇善战的将军和趾高气扬的海军。他们还知道英国财力雄厚,如果殖民地反叛,英国在愤恨的驱使下将倾其国力予以严惩。虽然他们知道这些,但他们没有长时间犹豫,面对近在眼前的危险,他们准备血战一场。

英国见情况不妙便派大批军队到骚乱的中心波士顿平息骚乱,但无济于事,民众与军队发生了冲突,大家都看得出来强制一时的平静只不过是可怕动乱的前奏,动乱果真来了!

1775 年 4 月 18 日的晚上,驻波士顿的英军司令盖奇派遣一支部队前往距波士顿 18 英里的康科德摧毁军需品仓库。他们希望借助夜色的掩护,在没有抵抗的情况下完成任务。

但是,殖民者早有防备,信使穿过黑夜去报告消息,请求援助。当天晚上,130 名殖民者在列克星敦聚集。经过简短的商议之后,他们就分手了,估计敌人会在凌晨到达,他们决定提前做好准备迎击敌人。

当英军到达的时候,他们已经在列克星敦了,但他们没有进行抵抗。英国军官挥舞大刀步步逼近,高声喊道:"散开,散开,你们这些反叛者!"他还命令士兵开火。有人说这个命令并没有被执行,但大多数美国人说情况正相反,有两三个殖民者倒下了。这就是大革命战争的首次流血事件。

英军继续向康科德进发,仓促地捣毁一些面粉店和军火库,并与康科德民兵发生了小规模冲突,后来英军感到情况不妙,就掉头赶回波士顿。

当他们走近列克星敦的时候,发现殖民者从四面八方包围过来，因为他们一直走大路，所以明显地暴露在愤怒的殖民者面前。殖民者们躲藏在树下、灌木丛中、棚屋里、路两边的围墙后面，用许多打狐狸和浣熊的、锈迹斑斑的猎枪正对准他们射击。英军予以还击。

列克星敦之战

这支部队终于到达了列克星敦并与年轻的军官洛尔·珀西率领的900名援军会合。他们在短暂地休息之后继续向波士顿挺进，同时遭受来自四面八方的袭击。

每堵石墙、每个篱垣、每个灌木丛都成了临时战壕，殖民者躲在后面采取卧姿袭击英军。英军在夜间抵达查尔斯镇，第二天早上到达波士顿。有 65 名士兵被杀死，180 人受伤，28 人成了俘虏；殖民者中有 50 人丧生，38 人受伤或失踪。

这就是列克星敦之战，也是血战的开始[1]。这个消息像长了翅膀一样飞向四面八方。农民放下了手中的农活，工人丢下工具，店主离开柜台，牧师召集信徒们武装起来，他们都奔向了波士顿。几周以后，整个波士顿被武装起来的殖民者所包围，英军司令官发现他和几千名士兵被困在了这里。

57 历史（五）

战争正式开始了，但是殖民者除了坚定的勇气和必胜的信念外，获胜所需的东西几乎一无所有。然而，他们聚集在波士顿的山上，尽力袭击城里的敌人。他们有两三门锈迹斑斑的大炮，他们让大炮跟英军将军和士兵讲话，大炮发出的声音让英军烦躁不已。

当时波士顿的居民不过近万人，他们与英军一起被困在城内，吃尽了大炮和其他方面的苦头，但他们默默承受着,因为他们心里装的是他们未来的命运。

最后,许许多多的殖民者聚集在波士顿周围,他们得到了一些武器弹药,决定攻占邦克山。这座山在查尔斯镇,距波士顿约半英里。于是,他们在夜间穿过中间地带的那片沼泽地。

当英国将军早晨醒来时,他看到山顶上满是殖民者,像一群蜜蜂一样。这一景象让他大吃一惊,因为他知道,大炮从山上可以打到波士顿的中心。他紧急集合最好的军队准备攻击。

殖民者知道即将要发生什么,但他们毫不退缩。英军发射的炮弹落在他们中间,但他们依然坚守阵地,全然不顾空中抛来的炮弹或炮弹掀起的土块。

这是1775年6月17日上午,波士顿的人们很想知道邦克山的情况,他们看到英军从街上走过,明白他们要去干什么。这是可怕的关键时刻,波士顿的人们聚集在山上或房顶上,他们看到山上的同胞们正在构筑战壕。

最后英军到达了查尔斯镇,他们焚烧了镇上的房子,向山上挺进,已经到了中间地带。殖民者躲在战壕里一声不响,但当敌军靠近时,他们瞄准,射出了致命的子弹。英军大吃一惊,很多人倒在了地上。英军很快回过神来,组织进攻,但再次被击退。他们又第三次进攻,此时殖民者已经没有了弹药,被迫放弃了阵地。

邦克山战役

　　这就是邦克山战役,英军死伤1054人,殖民者死伤453人。这个结果对殖民者来说很重要,他们的确被打败了,但原因是弹药匮乏。这个战役证明他们能够与英国正规军较量并有获胜的可能(如果他们的弹药充足的话)。

　　这时,英国作为强国的形象被打破了,从这时起,英国再也不能对殖民者指手画脚了。殖民者坚信他们的事业是正义的,他们觉得自己有能力伸张正义。

　　在此生死攸关的时刻,殖民者同仇敌忾,胸中充满了爱国之情,这在别的国家可能是从来没有过的。少数胆小的人或持相反观点的人不是置身于英军的保护之下就是坐山观虎斗。但是大多数人全身心地投入到这项事业

中来,个人利益一度被抛之脑后,人们放弃了工作,出钱
出力,甚至那些顽固的吝啬鬼也慷慨解囊支援殖民者的
事业。

58 历史(六)

我不想详细讲述大革命,因此我要省略邦克山战役之
后发生的几件有趣的事。但有必要指出的是,几个殖民地
派出了代表商议战争的事情。1775 年 5 月,他们在费城集
结召开大陆会议。同样应该指出的是,该会议存续于大革
命的始终,整个战争都是在它的领导下进行的。

邦克山战役的前两天,即 6 月 15 日,会议选举乔治·
华盛顿为总司令。华盛顿亲自来到波士顿附近,并立即组
建军队。

他面临着很大的困难,但凭借他的才能、耐心和勇
气,他很快力挽狂澜。几个月之后,他迫使全部英军撤离
波士顿,登上停靠在海港的军舰离开,此事发生在 1776 年
3 月 17 日。

华盛顿认为敌人此时的企图是占领纽约,于是,他赶
往纽约组建了大规模的军队。英国觉得有必要孤注一掷,
于是增派了军队。当时英军正在海岸上虎视眈眈威胁殖

民者。面对即将来临的风暴，大家没有气馁，第二次大陆会议郑重起草了《美国独立宣言》，从此以后殖民者不再忠于英国，成为独立的民族。

1776年7月4日，与会的各位代表在宣言上签字并告知全世界：这一天就是我们获得自由的日子，从此以后每到这一天，我们都举国同庆。但我们的独立不是光凭嘴说说就能获得的。英美双方要经历许多沉重的打击才能解决争端。8月，华盛顿被迫撤离纽约，英军占领了那座城市。那年冬天是最艰难的时期，我们军队的人数在减少，士兵们饥寒交迫，唯有华盛顿令人佩服的不屈不挠和沉着冷静在支撑着全国上下日渐低沉的情绪。

在1777年的战斗中发生了一件令人欣喜的大事，近一万英军从加拿大出发前往纽约与那里的英军会合，途经萨拉托加时被盖茨领导的殖民者军队俘获，此事发生在10月7日。举国上下欢呼雀跃，其实也真是值得庆贺，这致命一击让英军再也没有恢复元气。法国政府支持我们的事业并派军舰和军队援助我们。法国的加入使我们有了活力，战争得以继续。虽然我们的军队屡屡打败仗，很少获胜，但我们在积蓄力量，从失败中获取经验，我们的实力在翻倍，我们正在崛起！

结束战争的最后一仗终于来到了！英国将军康沃利斯勋爵在南方有一支大约7000人的军队，他们驻扎在弗吉尼亚的约克敦，约克敦的周围有壕沟。华盛顿带领他的

康沃利斯投降

军队来到纽约附近观察亨利·克林顿爵士率领的英军。华盛顿不等克林顿爵士弄清他的意图，就突然率领军队与法军一起向南进发，攻击壕沟那边康沃利斯的部队。这是一次猛烈的攻击，没过几天，康沃利斯便被迫率他的军队投降了，此事发生于1781年10月19日。

这个辉煌的战果给战争画上了圆满的句号。英国知道征服美国的企图失败了，他们开始逐渐撤走军队。次年两国签署了和平协议，美国的独立正式得到了承认。

59 历史（七）

战争已经结束，大炮停止了咆哮，战斗的硝烟也已经消散，人们可以考虑别的事情了。

我们的国家真正获得了独立，战争期间，人们脑子里装的全是战斗。战争结束了，人们有闲暇环顾四周，计算一下自由的代价。代价实在太大了！成千上万条生命失去了，不计其数的金钱花掉了，人们经历了难以言表的苦难。不仅如此，城镇和村庄被毁坏了，土地荒废了，房屋倒塌了，工业瘫痪了，贸易停滞了，几乎每个人的口袋都空了。

摆在国家统治者面前的是多么艰巨的任务啊！人民的创伤需要治愈；国家宪法和法律需要制定；那台奇妙的国家机器需要设计并投入运转；公民需要国家保护人身和财产安全；贸易、农业和制造业需要国家的激励来产生效益。

然而这项伟大的工程完成了，并且完成得很漂亮！1787 年 5 月，来自 13 个州[1]的代表在费城召开会议，会议

[1]实际上是 12 个州，罗得岛州的代表没有参加。

议会上富兰克林通过宪法

制定了宪法草案;同年9月,宪法草案提交审议,直到1789年才正式实施。

这就是美国政府的由来。华盛顿是首任总统,于1789年就职。该宪法的第一届国会在费城召开,1800年以前费城是国家政府(联邦政府)所在地,后来迁至华盛顿。1793年华盛顿连任总统,1797年由约翰·亚当斯接任,1801年托马斯·杰斐逊就任总统。1809年詹姆斯·麦迪逊接任总统,在他执政期间,因为涉及欧洲悬而未决的战争等原因,由总统提议,国会宣布对英国开战。这场与英国的第二次战争在1812年6月拉开序幕。

华盛顿宣布就职

海上之战——活捉总统

　　1817年，詹姆斯·门罗当选为总统。就版图而言，美国西北边境，即落基山脉和太平洋一侧是一个重大但不紧迫的问题；而东北边境即新不伦瑞克和缅因州是一个小问题，但其位置对英国政治上和军事上来说都至关重要。对这一边境问题，双方政治家都很头疼，因为1783年签订的独立条约中的条款出现了地理性错误。

　　对英国一方重要的原因是：如果决议与他们的要求不一致，即与他们对条约条款的解释不一致，在冬季他们就不能走从大西洋到加拿大的捷径。他们坚决保留新不伦瑞克的那一地区,因为那里有一条从哈利法克斯到魁北克的路,取道圣约翰和弗雷德里顿走陆地为640英里。

美国的难处之一是来自美国宪法的一个细节,当一些政治家不满于英国对条约的解释的时候,没有缅因州的同意,总统和国会即使再乐意也无权放弃这一条款,而缅因州至今坚决反对。如果条约里的条款准确无误,并且政府愿意的话,总统就可以合法地调动海军和陆军强迫缅因州就范。友好和解有利于美国的安宁,普通政府无权割让最初13个州的每一寸土地,缅因州仍属于马萨诸塞州的一部分。

然而我们可以依靠英美彼此间的友情,加拿大的问题或其他边界问题都不能影响现有的和平友好关系。克莱先生在国会发表观点称,我们与英国交战不仅是美国和英国最大的灾难,也是我们这个时代最大的灾难,是整个文明世界最大的灾难。我们坚信英国同样不想与美国交战,我们的观点是一致的。仅就此事而言,双方都接受这个观点。英国与美国和平相处才能使美国繁荣富强;同样,美国对英国也是如此。一个国家的繁荣同时也是另一个国家的繁荣,这应该是相互间的祝福!

华盛顿之墓